나는 _____ 대표 _____ 입니다.

나는 『사장의 클래스』를 읽고, 깨닫고, 행동하며
한 단계 더 나아간 사장으로 거듭나고자 합니다.
나는 가까운 미래에 반드시 성공합니다.

년   월   일

_____ (서명)

사장의
클래스

일러두기

- 단행본 및 정기간행물은 『 』, 영화와 TV 프로그램은 〈 〉로 묶었습니다.
- 본문에 언급된 책, 작품, 프로그램이 우리말로 번역된 경우 그 제목을 따랐으며 그렇지 않은 경우 원문에 가깝게 옮겼습니다.

당신은 어떤 사장이 되고 싶은가

사장의

The Class of a CEO & The CEO's Class

클래스

정태희

moment of !mpact

현장에서 증명된 실전 경영의 힘
생생한 후기들

리박스컨설팅의 교육은 제가 경험했던 그 어떤 교육과도 달랐습니다. 단기적인 성과에 집착하기보다 진짜 사람을 이해하고 조직을 근본적으로 변화시키는 방법을 배웠습니다. 구성원들의 감정과 생각을 세심하게 배려했더니 회사가 자연스럽게 달라지더라고요. 이 교육이 아니었다면 깨닫지 못했을 겁니다.

— 제조회사 영업팀장 C님

매출만 보고 달려왔던 제게 이 코칭은 경영의 본질을 다시 생각하게 한 계기가 됐습니다. 비재무적인 요소가 얼마나 중요한지 배운 뒤에 하나씩 실천해보니 회사 분위기가 달라지고, 성과에도 긍정적인 영향을 미쳤어요. 이 과정을 통해 진짜 경영이 무엇인지 조금씩 깨닫고 있습니다.

— 전자상거래회사 대표 N님

빠른 성장을 목표로 달려오면서 놓치고 있던 게 많았습니다. 이 교육을 통해 비즈니스의 본질과 직원 한 명 한 명의 소중함을 다시 알게 됐어요. 특히 개인의 강점을 살리는 리더십 방식은 우리 조직에 큰 변화를 가져왔고, 성과 그 이상을 얻게 했습니다.

— IT회사 대표 K님

20년 넘게 임원으로 일했지만 이런 교육은 처음입니다. 모든 게 현장에 바로 적용 가능했고, 특히 신뢰를 기반으로 한 조직문화 개선 방법은 우리 회사에 큰 울림을 줬습니다. 오랜 시간 지속해온 방식에 익숙했던 저도 새로운 시각을 가지게 됐어요.

— 유통회사 이사 H님

솔직히 위기에 몰려서 마지막 희망이라는 심정으로 시작했는데 대표님의 코칭은 기대 이상이었습니다. 실전에서 나온 해결책들은 하나씩 적용할 때마다 결과를 만들어냈고, 직원들까지 변화하기 시작했어요. 이 코칭 덕분에 회사를 다시 일으킬 수 있었습니다.

— 제조회사 부사장 J님

회사 운영에서 고민이 많았던 시점에 이 교육을 만나게 됐습니다. 전통적인 방식과 새로운 시도를 조화롭게 연결하는 법을 배우면서 경영에 자신감이 생겼습니다. 세대 간 다름을 이해하고 존중하는 방법도 이제는 익숙해졌어요. 이 모든 게 회사를 더 건강하게 만들고 있습니다.

— 식품회사 부사장 P님

이 수업이 특별했던 이유는, 단순한 이론이 아니라 제가 당장 실천할 수 있는 구체적인 해결책을 제공했다는 점입니다. 덕분에 직원들과의 관계가 눈에 띄게 좋아졌고, 회사 운영도 훨씬 효율적으로 바뀌었습니다. 정말 추천할 만한 과정입니다.

— 에너지회사 이사 L님

여러 팀을 이끌면서 막막했던 순간이 많았는데 이 코칭 덕분에 각 팀의 특성을 제대로 이해하고, 맞춤형 관리 방안을 세울 수 있었습니다. 이 과정은 단순한 컨설팅이 아니라 저에게 '경영의 나침반' 같은 역할이 되어줬습니다.

— 가전회사 상무 K님

20년 넘게 한 회사에서 일하며 경험을 쌓아왔지만 이번 교육을 통해 저 자신의 부족함을 깨달았습니다. 특히 젊은 직원들과 소통하는 새로운 방법을 배운 건 회사 문화를 완전히 바꾸는 계기가 됐습니다. 이 변화는 제가 가장 자랑스러워하는 성과 중 하나입니다.

— 제조회사 본부장 H님

제이드는 단순한 컨설턴트를 넘어 제게 스승과도 같은 존재입니다. 낯설었던 한국 문화와 업무 방식을 이해할 수 있도록 도와줬고, 다국적 기업의 한국 지사를 성공적으로 운영할 수 있도록 탄탄한 프레임워크를 제시해줬습니다. 이 자체만으로도 완벽한 전략이었습니다.

— IT회사 이사 M님

* 컨설팅받은 회사와 임직원 이름은 기업 비밀 유지를 위해 익명으로 처리했습니다.

차례

Part 1

사장은 고객을 배워야 한다

Part 3
사장은 커뮤니케이션을 배워야 한다

Part 4

사장은 리딩 스킬을 배워야 한다

사장의 길을 묻다

김한나(그립컴퍼니 대표)

저는 7년 차 사장입니다. 처음 사업을 시작할 때는 "이 아이디어는 대박일 거야"라는 기대감으로 가득했습니다. 어쩌면 세상을 바꿀지도 모른다는 큰 꿈을 꿨습니다. 직장에서처럼 열심히 일하면 성공할 거라고 믿었습니다. 그러나 1년, 2년 시간이 흐를수록 노력만으로는 성과를 보장받지 못한다는 사실을 깨달았습니다. 회사의 성공은 단순히 숫자나 전략으로 이루어지는 게 아니라는 걸 시간이 지나며 알게 됐죠. 진정한 성공은 구성원과 고객을 얼마나 깊이 이해하고, 그들의 신뢰를 얻기 위해 행동하느냐에 달려 있었습니다.

사장이 된다는 건 제가 생각했던 것과 많이 달랐습니다. 막연히 무겁다고 느끼긴 했지만 실제로 사장은 고독과 싸워야 하는 자리였습니다. 외로움 속에서 스스로 모든 결정을 내려야 했고, 그 결과도 온전히 책임져야 했습니다. 두려움과 불안으로 가득 차 있어도 겉으로는 안정감을 지키며 구성원들을 이끌어야 했습니다. 밤잠을 설치며 끊임없이 문제를 고민하고, 투자 유치에 대한 걱정으로 전전긍긍하며, 구성원의 작은 표정 변화에도 자신을 돌아보게 되는 자리. 이 모든 것이 바로 사장의 현실이었습니다.

지난 7년 동안 스타트업을 운영하며 이 길이 얼마나 고독하고 치열한 여정인지 절실히 깨달았습니다. 특히 제한된 자원 속에서 작은 회사의 사장은 더 큰 도전과 마주하게 됩니다. 고객은 시장의 높은 기준을 들이대며 요구하고, 구성원은 특별한 비전을 기대하며, 시장은 상상 이상으로 빠르게 변합니다. 이러한 환경 속에서 사장은 단순히 매출을 올리는 사람이 아니라 문제를 해결하고 방향을 제시하는 창의적인 리더가 되어야 했습니다. 회사의 미래를 알 수 없는 불확실한 상황 속에서도 구성원들이 믿고 따라올 수 있도록 길을 만들어가야 한다는 것이 기적과도 같은 일처럼 느껴질 때가 많았습니다.

이 책은 바로 그런 고민을 안고 있는 모든 사장님을 위한 책입니다. 이 책을 쓴 정태희 대표님은 제가 가장 존경하는 경영인 중한 분입니다. 사장이 겪는 고뇌와 어려움을 누구보다 깊이 이해하고, 이를 해결하기 위해 끊임없이 연구해온 분이죠. 이 책은 정태희 대표님이 실제로 겪은 경험과 통찰을 바탕으로 만들어졌습니다. 대표님은 기업의 성공이 작은 변화, 명확한 비전, 그리고 진정성 있는 소통에서 시작된다고 말씀하십니다. 특히 고객과 구성원의 만족을 통해 지속 가능한 성장을 이끌어내는 방법은 복잡하지 않다고 강조하셨습니다.

저 역시 사장으로서 많이 실패하고 후회했습니다. 그 과정에서 정태희 대표님께서 "구성원과 고객의 신뢰를 얻는 데 집중하라"고 조언해주신 말은 지금까지도 마음속 깊이 남아 있습니다. 구성원이 진심으로 행복할 때 그 에너지가 고객에게 전달되고, 결국 회사의 성과로 이어진다는 사실을 몸소 느꼈습니다. 이 책은 지금도 수많은 고민 속에서 방향을 찾고 계신 사장님들께 실질적인 길잡이가 되어줄 겁니다. 이 책을 통해 매출과 수익을 넘어 고객에게 진정한 가치를 제공하고, 구성원에게 성장과 행복을 선물하며, 지속 가능한 성장을 이루는 여정을 함께하길 바랍니다.

사장의 자리는 때로 외롭고 고통스럽지만 그만큼 보람과 의미를 안겨줍니다. 우리는 단순히 회사의 리더가 아니라 구성원과 고객이 꿈꾸는 가능성을 현실로 만드는 사람입니다. 이 책이 그 길에서 여러분의 든든한 동반자가 될 것입니다.

사장님, 당신의 길을 진심으로 응원합니다.

사장은 매출 높이는
법을 배워야 한다

오늘도 꿈을 향해 나아가고 있는 여러분을 만나게 되어 진심으로 반갑습니다. 정태희입니다. 사장님들을 위한 강의에 앞서 오리엔테이션으로 이 책의 첫 장을 열어보려고 해요. 이 내용은 강의를 구성하는 한 부분이자 우리가 함께할 여정에서 가장 중요한 출발점이니 꼭 읽고 시작하시길 바랍니다.

저는 25년간 기업을 성장시키고 수많은 사장님을 최고의 리더로 만드는 일을 해왔습니다. 6년 전 시작한 제 회사에서는 지금까지 4,000건이 넘는 컨설팅을 진행했어요. 오랜 시간 동안 사장님들을 코칭하면서 많은 회사의 문제를 마주하다 보니 회사의 성공을 가로막는 문제의 원인은 단 하나였습니다. 바로 사장님입니다. 저마다 겪고 있는 문제에 맞춰 다양한 기법과 해결책을 제시해도 결국 시간과 돈을 낭비하게 만드는 근본적인 문제는 사장님에게 있었어요. 회사를 망가뜨리는 것도 사장, 성공시키는 것도 사장입니다. 문제도, 해결책도 사장에게 달렸습니다. 특히 직원 수 30명 미만의 중소기업에서는 사장이 곧 회사예요. 사장이 변하지 않고서는 아무것도 바뀌지 않습니다.

처음 컨설팅이나 코칭을 받기 시작할 때 대부분 사장님의 관심사는 온통 매출입니다. 우리 회사의 매출은 왜 오르지 않는지, 매출을 올리는 비법이 무엇인지 궁금해하면서 매출 자체에만 집중하죠. 하지만 이 점을 분명히 알아두셔야 해요. 매출은 결과입니다. 매출은 목표가 될 수 없어요. 이건 창업한 지 얼마 안 된 소규모 스타트업부터 굴지의 대기업까지 수많은 회사의 사장님들을 만나오면서 제가 경험으로 확인한 불변의 진리입니다.

수많은 사장님을 만나는 동안 저는 그분들이 비슷한 잘못과 실수를 반복하는 모습을 수없이 목격했습니다. 사업을 성공시키고 싶어 하면서도 회사의 재무에만 집중할 뿐 고객, 구성원, 내부 프로세스 같은 비재무적인 요소에는 소홀한 경우가 대부분이었어요. 내부 프로세스가 비효율적인데 구성원들이 회사 생활에 만족하면서 성과를 낼 수 있을까요? 회사에 불만이 가득한 구성원이 고객을 기쁘게 할 수 있을까요? 고객이 만족하지 않는데 매출이 높은 회사가 있을까요?

회사를 키우고 성공시키려면 재무는 물론 고객 만족, 내부 프로세스, 사람과 문화라는 비재무적인 요소를 포괄적으로 고려해야 합니다. 이 네 가지 요소는 회사가 경쟁력을 유지하고, 성장하며, 지속적으로 발전할 수 있는 중요한 전략적 기반을 제공해요.

재무는 우리가 잘 알고 있듯 매출이나 손익 등 회사의 재무적인 성과를 관리하고 개선하는 핵심 요소로 매출, 비용 절감, 수익성 등 숫자 목표를 설정하고 달성하는 데 중점을 둡니다. 고객 만족은 고객과의 접점에 대한 요소로 고객에게 제공하는 만족을 극대화하는 데 초점을 맞추죠. 고객 만족도를 올리고 충성 고객을 확보해 매출과 브랜드 인지도를 높이는 것이 이 요소의 목표입니다. 내부 프로세스는 제품 회전율, 배송, 프로그램에 대한 전략으로 효율적인 운영과 제품 또는 서비스 제공 과정을 최적화하는 것을 목표로 합니다. 생산성 향상, 제품 회전율, 신속한 배송과 품질 관리가 여기에 해당하죠. 마지막으로 사람과 문화는 채용, 인재 개발, 조직문화 등을 포함하는 요소입니다. 인재를 관리하고 조직문화를 건전하게 구축하는 일은 회사의 성장과 혁신에 필수예요.

재무, 고객 만족, 내부 프로세스, 사람과 문화라는 네 가지 요소는 각각 독립적이면서도 서로 밀접하게 연관되어 있습니다. 회사에서 이 네 가지 요소를 모두 고려하고 관리하는 일이 중요한 이유는 어느 한 요소만 잘돼서는 성공하기 어렵기 때문입니다. 각 요소가 상호 보완적으로 작동하게 해야 해요.

매출이 폭발하려면 먼저 나와 함께하는 사람들이 즐겁게 일할 수 있는 환경을 조성해야 해요. 저는 이들에게 직원이라는 단어 대신 '구성원'이라는 표현을 사용하고 싶습니다. 단순히 직무를 수행하는 인력이 아니라 우리 회사를 구성하며, 우리의 목표를 달성하기 위해 함께 일하는 사람들이기 때문이죠. 이미 여러 선진적인 회사에서는 함께 일하는 사람들을 이렇게 부르고 있어요.

구성원들이 즐겁고 효율적으로 일하려면 불필요한 업무 프로세스나 복잡한 시스템, 부정적인 문화가 없어야 합니다. 조직문화와 인재 구성에 군더더기가 없고 일하는 프로세스가 원활할 때에야 우리의 제품이나 서비스에 고객들의 신뢰와 지지가 강해져 매출이 늘어납니다. 이게 제가 모든 사장님께 항상 강조하는 조직문화 → 구성원 → 고객 만족 → 매출로 이어지는 선순환이에요. 저는 이 책에서 선순환의 고리를 거꾸로 따라가며 설명하고자 해요. 사장님들이 목표로 삼는 매출이라는 결과를 이루려면 이 순환 구조가 머릿속에 뚜렷하게 그려져야 합니다.

이 책에서는 제가 전문가로서 코치해온 분야인 구성원, 조직문화는 물론 수천 건의 컨설팅을 진행하면서 그 중요성을 뼛속 깊이 느낀 고객 만족에 관해 사장님들이 꼭 알아두셔야 하는 점을 강의합니다. 특히 인사팀을 꾸릴 여력이 없는 15명 남짓한 중소 규모 회사에서 사장님이 인사 담당자 역할을 무리없이 해내실 수 있도록 구성원과 조직문화에 대한 필수적인 내용을 담았습니다. 회사를 운영하는 데 역시 중요한 요소인 재무와 내부 프로세스에 관해서는 좋은 책이 이미 세상에 많이 나와 있고, 전문적으로 컨설팅받을 방법도 어렵지 않게 찾을 수 있습니다. 특히 내부 프로세스에 관해서는 한 번이라도 좋으니 외부 기관으로부터 전문적인 도움을 받아보세요. 재무에 관해서는 도서나 별도 교육을 통해 현장에서 적용해본 다음, 그래도 부족하게 느껴진다면 전문가에게 조언을 받아보시는 걸 추천합니다. 고객 만족, 구성원과 조직문화 그리고 내부 프로세스와 재무 요소까지 교차 점검해 회사를 조화롭게 경영하시길 바랍니다.

이 책은 크게 다음처럼 구성되었습니다.

Part	Lesson	Topic
Part 1	총 6강	고객을 찾고, 고객의 진짜 문제를 발견하고 해결하는 방법 등을 다룹니다. 이 과정을 통해 고객 만족의 중요성과 고객 만족을 매출로 연결해 지속적으로 성장하는 방법을 배울 수 있습니다.
Part 2	총 6강	우리와 함께 성공을 만들어가는 구성원에 대해 알아봅니다. 구성원을 채용하고, 구성원에게 긍정적인 경험을 제공하며, 구성원의 목표를 설정해 성과를 극대화하는 방법을 배웁니다.
Part 3	총 7강	소통과 회의 문화, 소문 관리, 현명한 의사결정 등 사장에게 필요한 커뮤니케이션을 배워봅니다. 이를 통해 조직 내 원활한 커뮤니케이션이 회사에 어떤 변화를 가져오는지 살펴봅니다.

| Part 4 | 총 8강 | 리더로서 반드시 알아야 하는 업무 지시 방법, 리더가 조직을 조율하고 권한을 위임하는 방법 등 사장에게 필수적인 리딩 스킬을 알아봅니다. |

실전 팁 각 장 마지막 부분에 사업을 성공적으로 이끌기 위해 실제로 적용해봐야 할 내용을 실었습니다. 배움을 꼭 실천으로 옮겨보세요.

총 네 파트 곳곳에 제가 직접 컨설팅한 사례는 물론 세계적인 기업들로부터 참고할 만한 사례들을 함께 실었으니 지금 나에게 필요한 방안, 내가 쉽게 해볼 만한 방안부터 하나씩 시작해보면 됩니다.

사장은 누구나 혼자입니다. 터놓고 의논할 친구도, 가르침을 줄 스승도 없이 결정과 책임이 끝없이 늘어선 우리 삶은 고독하기만 합니다. 사장님이 더는 혼자 고민하지 않았으면, 시행착오를 조금이라도 줄였으면 하는 마음으로 이 책을 만들었습니다. 이 길에 정답은 없습니다. 다만 항상 더 좋은 방법은 있어요. 저는 그 방법을 나누고자 합니다.

우리는 잘할 수 있습니다. 사실 답은 간단하고 당연해요. 우리는 '사람'과 '일'합니다. 사람과 일이라는 근본과 핵심을 잃지 않고, 그 가치를 존중하고 실현할 때 사장은 무엇이든 이룰 수 있습니다. 세상은 그렇게 만들어져왔고, 앞으로도 그럴 거예요.

저 또한 하나의 사업체를 운영하며 구성원들과 함께하는 사장으로서 누구보다 사장님들의 마음과 어려움을 이해하고 공감하며, 사장님들이 잘되길 진심으로 응원합니다. 이 책을 통해 사장님들이 우리나라는 물론 전 세계를 주름잡는 멋진 기업을 이끄는 주인공이 되시길 간절히 바랍니다. 결코 흔들리지 않는 성공을 이루는 데 꼭 필요한 핵심들을 이 책에 꼭꼭 눌러 담았으니 이제 제가 말씀드린 내용을 실행하시기만 하면 됩니다. 자, 시작해봅시다!

Part 1

사장은 고객을
배워야 한다

우리의 고객은
누구인가?

고객을 찾고 사로잡는 법

많은 사장님이 사업을 시작할 때 자신이 잘하거나 관심 있는 분야에 집중하는 경우가 많습니다. "이건 내가 잘하니까 성공할 거야!"라고 자신하죠. 그런데 그 과정에서 중요한 걸 놓치곤 합니다. 바로 '우리의 고객이 누구인가'를 제대로 정의하지 않는 거죠. 우리는 먼저 이 질문에 제대로 답할 수 있어야 합니다. 그래야 성공에 한 발짝 더 가까워질 수 있어요.

고객을 찾는 첫 단계는 고객의 문제와 필요를 제대로 이해하는 일입니다. 단순히 나이, 성별, 지역 같은 요소만 살피는 것이 아니라 그들이 실제로 어떤 문제를 겪고 있고, 어떤 욕구를 가지고 있는지 알아야 합니다. 예를 들어 운동 용품을 판매하는 사업을 한다면 단순히 '운동을 좋아하는 사람들'을 대상으로 삼기보다 '운동

중 무릎 통증을 겪는 사람들'로 집중해보는 겁니다. 우리 제품이나 서비스가 그들의 구체적인 문제를 해결해줄 수 있다면 고객은 자연스럽게 사장님의 제품을 선택하게 될 겁니다.

고객을 찾는 좋은 방법 중 하나는 시장 세분화입니다. 고객을 여러 그룹으로 나누고, 그중에서 우리 제품과 가장 잘 맞는 그룹을 찾아 집중하는 거죠. 고객은 크게 다음 기준에 따라 세분화할 수 있습니다.

1. 인구통계학적 세분화

고객의 나이나 성별, 직업 등을 기준으로 나눠봅니다. 운동 용품 판매를 예로 들어보면 이렇게 나눠볼 수 있죠.

— 30대 남성: 근력 운동에 관심이 많은 사람들

— 40대 여성: 요가나 필라테스처럼 부드러운 운동을 선호 하는 사람들

2. 심리적 세분화

고객의 성격이나 라이프스타일을 기준으로 나눠봅니다.

— 운동을 시작하려는 사람들: 운동 초보자에게 필요한 기 구나 가이드 제공

— 운동을 꾸준히 지속하려는 사람들: 고급 장비나 다양한 운동 기구 추천

3. 행동적 세분화

고객이 제품을 어떻게 사용하고, 얼마나 자주 구매하는지를 기준으로 나누는 방법입니다. 가령 이렇게요.

— 자주 구매하는 고객: 제품에 충성도가 높은 고객에게는 할인이나 특별 혜택 제공
— 처음 구매하는 고객: 첫 구매를 유도할 수 있는 특별 프로모션 제공

4. 지리적 세분화

고객이 어디에 살고 있는지에 따라 나누는 방법입니다. 운동 용품 판매라면 이렇습니다.

— 도시 지역: 체육관이나 실내에서 필요한 운동 용품
— 교외 지역: 등산을 비롯한 야외 운동에서 사용할 수 있는 용품

가령 사장님이 아이들을 위한 학습용 게임 앱을 개발했다면 모든 학부모를 타깃으로 삼기보다는 6세 이하의 아이를 둔 부모를 집중 타깃으로 설정하는 거예요. 이때 아이들 연령대에 맞춘 흥미로운 콘텐츠와 부모들을 안심시키는 보안 기능을 제공한다면 타깃 고객의 마음을 쉽게 사로잡을 수 있어요. 이런 접근 방식으로 고객이 원하는 것이 무엇인지 파악하고, 이를 통해 우리만의 차별화

된 가치를 제공할 수 있습니다.

성공하는 사업의 고객 설정

집중할 고객층을 찾았다면 그다음에는 제품의 시장 적합성을 살펴봐야 합니다. 말 그대로 우리 제품이 고객의 필요에 꼭 맞아떨어지는지를 알아보는 거죠. 이를 위해서는 고객이 어떤 문제를 겪고 있는지 조사하고, 그 문제를 해결할 수 있는지 확인해야 합니다. 고객과 대화를 통해 피드백을 얻고, 소규모 테스트를 진행하면서 고객 반응을 살펴본다면 사업은 자연스럽게 탄탄해집니다.

실제로 제가 컨설팅한 두 회사 역시 이런 과정을 거쳤습니다.

회사 1: 편안한 작업 공간을 제공한 카페 A사

A사는 중소 규모의 로컬 커피 브랜드로, 커피의 품질만큼이나 매장에서 고객이 느끼는 '경험'에 집중했습니다. "왜 많은 사람이 카페에서 오래 머물며 일할까?"라는 질문에 답을 찾으려 했죠. 알고 보니 카페에 오는 고객 중 상당수가 단순히 커피를 마시기보다 편안하게 머무르며 업무를 보거나 공부하고 싶어 한다는 점을 발견했습니다. 그래서 A사는 매장을 '머물고 싶은 공간'으로 꾸몄어요. 각 매장은 편안한 좌석과 지역 특색이 담긴 디자인으로 채워져 학

생, 프리랜서, 직장인들에게 인기 있는 장소가 되었습니다. 덕분에 매출은 눈에 띄게 증가했죠. 이처럼 고객이 원하는 가치를 제공한 것이 A사의 성공 요인이었습니다.

회사 2: 맞춤형 영양제로 고객을 사로잡은 B사

B사는 건강식품을 서비스하는 스타트업으로, 고객마다 원하는 영양 성분이 다르다는 점에 주목했습니다. 사람들은 저마다 다른 생활 방식과 건강 상태를 가지고 있으니 맞춤형 영양제에 대한 수요가 있을 것이라 생각한 거죠. 그래서 B사는 고객의 건강 데이터를 기반으로 비타민과 미네랄을 조합해 맞춤형 영양제를 제공했어요. 고객들은 자신에게 꼭 맞는 영양제를 받아보는 특별한 경험에 만족했고, 자연스럽게 구독자도 늘어났습니다. 이렇게 고객의 요구를 세심하게 반영한 B사의 서비스는 큰 인기를 끌게 되었습니다.

고객의 마음을 사로잡는 필살기 네 가지

고객의 문제와 욕구를 파악하는 것도 중요하지만 고객이 구매를 쉽게 결정할 수 있도록 하는 촉진 전략도 필요합니다. 대기업처럼 가격 경쟁력을 갖추기 어려운 중소 기업에서는 가격보다 차별화된 가치를 제공하는 것이 핵심이죠. 여기에 효과적인 전략 네 가지를 소개합니다.

1. 감정적 연결 고리 만들기

고객은 제품이 좋아 보인다고 해서 바로 지갑을 열지 않아요. 감정적 연결이 있을 때 마음이 움직이죠. 예를 들어, 환경을 보호하는 재생지로 만든 공책을 판매한다고 가정해봅시다. 이때 단순히 "이 공책은 친환경 제품입니다"라고 말하는 대신 "이 공책 한 권이 나무 한 그루를 구합니다"라고 스토리를 전달하면 고객은 더 크게 감동합니다. 친환경 브랜드 파타고니아Patagonia는 '모든 제품에 환경 보호의 이야기를 담는다'라는 철학으로 고객을 사로잡았습니다. 고객들은 이 제품을 구매할 때마다 자신이 지구를 되살리는 데 기여하고 있다고 느끼고, 자연스럽게 브랜드에 애정을 갖게 되었습니다. 이 사례처럼 고객이 제품에 감정적으로 연결될 수 있는 스토리를 만들어보세요.

2. 희소성 전략

사람들은 한정된 자원에 더 큰 가치를 부여해요. 매년 밸런타인데이에 맞춰 한정판 초콜릿 세트를 출시하는 브랜드가 있습니다. 각 세트가 특별한 맛으로 구성되고 고급스럽게 포장되어 매번 빠르게 완판되죠. 고객들은 지금 사지 않으면

놓칠지도 모른다는 생각에 이 한정판 초콜릿을 기다리고 구매하게 됩니다. '이번 주까지만 구매 가능한 한정판 머그컵' 같은 이벤트를 활용해본다면 고객이 더 빠르게 결정하도록 유도할 수 있습니다. 제한된 기간, 제한된 수량은 고객의 구매 욕구를 자극하는 강력한 도구입니다.

3. 개인 맞춤형 서비스 제공

고객에게 개인 맞춤형 경험을 제공하는 것은 충성도를 높이는 강력한 방법입니다. 예를 들어 생일에 특별 할인 쿠폰을 보내주거나 이전 구매 내용을 바탕으로 제품을 추천하는 것도 좋은 전략입니다. 고객은 자신이 특별한 대우를 받는다고 느끼고, 그만큼 브랜드에 대한 애정을 키우게 되죠. 이런 방식은 프랜차이즈 커피 회사들이 고객 취향에 맞춰 메뉴를 추천하는 방식에서도 발견할 수 있어요. 고객 취향과 이전 주문 기록을 분석해 맞춤형 커피 레시피를 제안하는 서비스를 제공하는 거죠. 매장에 방문하는 고객에게 "지난번에 좋아했던 카페라테에 새로운 시럽을 추가해보는 건 어떠세요?"라고 추천하는 식으로요. 이처럼 고객 취향에 맞춰 제안하면 고객은 특별하게 대우받는다고 느끼며, 브랜드와 더 오랫동안 함께하게 됩니다.

4. 사회적 증거 활용

사람들은 다른 사람이 사용해보고 추천하는 제품에 더 신뢰감을 느낍니다. 고객 사용 후기를 적극적으로 공유하거나 인플루언서와의 협업을 통해 제품의 신뢰성을 높이는 것도 좋은 방법이에요. 뷰티 브랜드 글로시에Glossier에서는 일반 소비자들을 인플루언서 삼아 제품을 소개하는 독특한 캠페인을 진행했습니다. 진정성 있는 실제 사용 후기를 접한 고객들은 구매를 더 쉽게 결정하게 되었고, 브랜드의 인지도와 신뢰도도 함께 상승했죠. 다른 사람의 추천은 고객이 구매를 망설일 때 결정하도록 돕는 강력한 촉매제가 됩니다. '이 제품을 다른 사람들이 좋아한다'는 사실만 전해도 효과적이에요.

지금까지 소개한 팁들을 하나하나 실행해보면 고객이 단순히 제품을 구매하는 것을 넘어 브랜드와 깊은 관계를 맺도록 유도하게 될 거예요. 한 가지 전략이 아니라 여러 전략을 적절히 혼합해 사용할 때 고객의 마음을 사로잡을 수 있어요. 고객이 제품을 구매하는 데에서 그치지 않고 우리 브랜드와 감정적으로 연결될 때 비로소 충성 고객이 탄생합니다. 이 과정에서 고객이 만족하고, 나아가 감동하게 된다면 그들은 자연스럽게 브랜드를 지지하고 주변 사람들에게 추천할 겁니다. 고객의 마음을 여는 전략들을 꾸준히 적용해보세요. 고객의 지갑은 물론 마음까지 열릴 거예요.

실전 팁

1. 고객 인터뷰하기

실제 고객과 짧게 대화를 나누며 고객들이 무엇을 필요로 하는지 직접 들어보세요.

2. 작은 피드백 루프 만들기

제품이나 서비스를 사용한 고객에게 간단한 피드백을 받아 개선하는데 반영해보세요.

지금 고객에게
원하는 것을
주고 있는가?

고객을 만족시키는 세 단계

사업은 고객의 필요를 충족하고 감동을 주기 위한 과정입니다. 고객이 우리 제품이나 서비스에 가치를 느끼며 혜택과 만족을 얻는 일이죠. 이 책에서는 '고객 가치'를 직관적으로 이해하기 쉽도록 '고객 만족'이라는 용어로 사용하고자 합니다.

최신 게임기 구매를 예로 들어볼게요. 이 게임기는 그래픽이 뛰어나고, 다양한 게임을 지원하며, 사용하기에도 간편합니다. 고객은 게임기를 구매해 사용하면서 다른 사람들과 경쟁을 즐기고, 재미있는 시간을 보내며 제품에 만족합니다. 이처럼 제품이나 서비스로 고객의 필요나 기대를 충족시키는 일이 고객 만족입니다. 가령 수학 문제를 푸는 데 도움을 주는 앱을 사용해 수학을 재미있게 공부하게 된다면 그 앱은 고객 만족도가 높은 겁니다. 다시 말해 제품이나 서비스가 고객의 기대를 충족하고, 삶을 풍요롭게 만든다면 고객 만족이 크다는 뜻이에요.

고객 만족은 제품을 판매하는 일 이상입니다. 고객이 만족하면 반복 구매와 브랜드에 대한 충성으로 장기적인 수익이 창출됩니다. 입소문도 무시할 수 없는 요소예요. 만족한 고객이 긍정적인 경험을 자발적으로 공유하면 브랜드 이미지와 회사 평판이 좋아집니다. 이는 신규 고객 유치와 매출 증가로 이어지며, 결국 기업 경쟁력을 높입니다.

우리의 제품과 서비스가 고객을 만족시키려면 어떻게 해야 할까요? 고객을 우리 회사의 진정한 팬으로 만들기 위해서는 사업을 세 가지 단계로 살펴봐야 합니다. 기업 혁신 전문가이자 다트머스 대학교 커트경영대학원 교수 비제이 고빈다라잔Vijay Govindarajan은 기업이 현재 운영을 효율적으로 관리하는 동시에 미래를 대비하고, 혁신을 추구해 고객 만족을 실현하는 방법을 세 가지 단계로 설명했습니다.

첫 번째 단계	현재 비즈니스 모델을 최적화하고 개선하는 단계 → 지금 하고 있는 일을 개선
두 번째 단계	과거의 성공 패턴 중 더 이상 유효하지 않은 요소를 버리는 단계

		→ 과거를 정리하고 잘못된 관행을 버림
세 번째 단계		미래를 위한 기회를 새롭게 찾고, 혁신을 통해 새로운 가치를 창출하는 단계
		→ 미래를 준비하고 새로운 사업 모델 개발

첫 번째는 회사의 현재 수준을 살펴보는 단계입니다. 현재 핵심 사업을 잘 운영하고 있는지 냉철하게 점검하고, 효율성을 극대화해 수익을 증대하는 방향이 무엇인지 고민하는 겁니다. 지금까지 돈을 얼마나 벌었는지도 중요하지만 회사를 유지하려면 현재 고객들이 우리를 떠나지 않아야 해요. 이 단계에서는 영업이익이나 재무제표를 살펴보기 전에 우리가 팔고 있는 제품이나 서비스가 시장에서 팔릴 만한 것인지, 우리가 이길 수 있는 게임을 하고 있는지, 고객이 생각하는 가치가 무엇인지 분석하고 현 상태에 객관적으로 점수를 매겨보며 회사의 현재 수준을 이해합니다. 회사가 기존 제품이나 서비스에서 경쟁력을 유지하고 최적화하는 일도 이 단계에 포함됩니다.

두 번째는 회사가 가야 할 방향을 모색하는 단계입니다. 우리의 명확한 지향점과 시장에서의 포지션을 점검해 사업에서 유지할 것과 버릴 것을 정하고, 목표 지점으로 향하는 행보에 방해되는 관행이나 사고방식, 태도 등을 정리하며, 현재 사업 영역과 관련 있는 새로운 기회를 추구하며 새로운 시장이나 기술을 통해 전혀 새로운 사업 모델을 개발합니다. 살아 있는 것은 끊임없이 바뀌어요. 시대도, 사람도, 고객의 선호와 필요도, 회사도 마찬가지입니다. 살아 있는 회사라면 고객의 변화에 맞춰 제품과 서비스를 계속해서 바꿔가야 합니다. 한때 사랑받았던 제품이라도 10년이고 20년이고 같은 모습이라면 살아남기 어렵겠죠. 과거의 성공이 현재의 성공을 뜻하지 않듯 현재의 성공도 미래의 성공을 담보하지 않습니다. 고객 입장에서 생각해보세요. 이미 열 발짝 앞에 있는 고객이 열 발짝 뒤처진 제품을 사용할 이유는 없어요. 살아남으려면 언제나 살아 있어야 합니다.

마지막으로 세 번째는 회사의 미래를 준비하는 단계로, 현재 사업 영역과 완전히 다르게 혁신적인 기회를 추구합니다. 새로운 시장이나 기술을 바탕으로 아이디어를 제품이나 서비스로 구현, 실행해 미래를 준비합니다.

우리나라의 스타트업 쿠캣COOKAT은 이 세 단계를 잘 활용했습니다. 쿠캣은 온라인 푸드 콘텐츠를 제공하며 간편식을 판매하는 회사로, 초기에는 콘텐츠 제작에 주력하다가 이후 이커머스 사업으로 확장해 성공을 거뒀습니다.

첫 번째 단계: 현재 사업 최적화, 운영 효율성 극대화

처음에 쿠캣은 소셜미디어 플랫폼에서 음식 레시피 콘텐츠를 올리며 인기를 끌었습니다. 소셜미디어 채널을 기반으로 구독자를 빠르게 늘리면서 그들이 잘하던 콘텐츠 제작과 마케팅을 최적화해 범위를 넓혔죠.

두 번째 단계: 과거의 패턴 버리기

쿠캣은 회사가 커나가는 과정에서 단순히 콘텐츠를 제작하는 데 머무를 것이 아니라 새로운 수익 모델을 모색해야 한다고 깨달았습니다. 그래서 기존에 의존하던 광고 수익 모델이나 단순 조회 수에 의존하는 구조에서 벗어나 직접 제품을 판매하는 이커머스 플랫폼으로 전환하기로 합니다. 과거의 비즈니스 모델 일부를 버리고, 새로운 기회를 찾은 거죠.

세 번째 단계: 미래를 위한 혁신과 새로운 비즈니스 모델 개발

쿠캣은 푸드 콘텐츠 제작에 그치지 않고, 그동안 쌓아온 고객 데

이터를 바탕으로 소비자들이 원하는 제품을 직접 개발하고 판매하는 자체 브랜드 제품 쿠캣마켓Cookat Market을 출시했습니다. 콘텐츠와 커머스를 결합한 이 비즈니스 모델은 고객에게 새로운 경험을 제공하는 동시에 새로운 수익원을 창출한 혁신적인 사례죠. 세 번째 단계에서 쿠캣은 미래를 위한 새로운 성장 기회를 성공적으로 발굴했습니다.

쿠캣은 현재 사업을 최적화하면서도 과거에 의존하던 패턴 일부를 과감히 버리고, 새로운 혁신적 사업 모델을 개발해 빠르게 성장했습니다. 쿠캣의 사례처럼 지속적으로 혁신을 추구하고, 현재 사업과 미래 성장을 동시에 고려한다면 변화하는 시장 환경 속에서도 성공적인 비즈니스를 구축할 수 있습니다.

우리가 잘 아는 넷플릭스Netflix를 한번 살펴볼까요? 넷플릭스는 이 세 가지 단계를 잘 점검하고 활용해 성공적으로 나아간 대표적인 회사입니다.

넷플릭스는 DVD 대여 서비스로 사업을 시작했습니다. 당시는 인터넷이 상용화되기 전으로, 온라인 스트리밍 서비스가 제공되지 않았기 때문에 사람들은 DVD로 원하는 영화나 드라마를 시청했죠. DVD 대여 사업을 효과적으로 관리하고, 고객 편의를 위해 사용자 경험을 우수하게 제공하면서 넷플릭스는 성공을 거뒀습니다. 특히 무제한 대여 모델과 빠른 배송 서비스가 현재의 핵심 사업을 최적화하는 방식이었죠.

이후 전자통신 기술이 발달해 대부분 가정에서 인터넷을 이용할 수 있게 되자 넷플릭스는 여기에서 기회를 발견했습니다. 기존의 DVD 대여 사업을 기반으로 온라인 스트리밍 서비스를 도입해 고객들이 즉시 원하는 콘텐츠를 시청할 수 있게 했죠. DVD가 배송되길 기다리는 대신 클릭 몇 번으로 원하는 영상물을 볼 수 있다는 장점에 많은 고객이 만족했습니다. 이 두 번째 단계로 전환하면서 넷플릭스는 현재의 핵심 사업과 연관된 기회를 잘 활용해 회사를 크게 확장할 수 있었습니다.

이제 완전히 새로운 시도를 할 차례입니다. 넷플릭스는 자체적으로 영화나 TV 프로그램을 제작하기 시작했습니다. 〈하우스 오브 카드〉와 〈기묘한 이야기〉 같은 오리지널 시리즈를 기억하실 거예요. 이제 넷플릭스는 기존의 스트리밍 플랫폼을 넘어 콘텐츠 제작사로 자리매김하게 됩니다.

항상 새로운 것을 선호하는 고객들을 만족시키려면 흔히 혁신해야 한다고들 합니다. 혁신이라고 하면 지구 상에 한 번도 없었던 새로운 발상을 떠올리기 쉽지만 사실 혁신은 버리는 겁니다. 뭔가를 새롭게 더하는 것이 아니라 우리가 누구이며 어디로 가는지 점검하고, 무엇을 버리고 무엇에 초집중할지 결정하고 실행하는 일이에요. 이 과정을 거쳐 우리만의 독보적인 제품, 서비스를 만들어낼 때 고객들이 차별점을 느끼고 우리를 선택하게 되고요. 사업 전략을 세울 때면 대부분 기업이 매출에 집중합니다. 하지만 좀더 근본적으로 살펴보면 매출을 만드는 건 매출 자체가 아니라 고객의 선택이에요. 고객이 우리 회사를 선택해야 매출이 생기고, 고객이 우리 회사를 선택하려면 다른 제품들과 다른 우리 제품만의 차별점이 많아야겠죠. 그때 매출은 자연스럽게 증가하고요.

실전 팁

차별화된 가치 제공 포인트 찾기

현재 판매하고 있는 제품이나 서비스에서 고객에게 특별한 가치를 줄 수 있는 요소를 찾아보세요. 고객이 우리를 선택하게 만드는 핵심 포인트를 명확히 하고, 더 강화하는 방법을 고민해보세요.

고객의
진짜 문제 찾기
애자일 방식으로 테스트하기

코로나19 팬데믹 이후 등장한 '뉴노멀'New Normal이라는 단어만 봐도 우리는 비정상도 정상이라고 빠르게 인식을 전환해야 하는 시대를 살고 있습니다. 전염병, 기후변화, 전쟁, 불황 등 예측하기 어려운 변화에 적응해야 하는 시대가 됐죠. 이에 따라 고객을 만족시키기 위해 기존처럼 1년짜리 장기 계획에 의존하는 것보다는 빠르게 테스트하고 개선하는 '애자일agile 방식'이 중요해졌습니다. 이제 완벽하게 준비하기보다 일단 테스트해보면서 고객의 진짜 문제를 해결해가는 유연한 접근 방식이 필요해요.

애자일 방식이란?

애자일 방식은 제품이나 서비스를 개발하면서 짧은 주기로 중간 결과물을 산출해 고객에게 테스트하고, 피드백을 즉각 반영하는 방식을 말합니다. 이를 통해 고객의 실제 문제와 필요를 중심으로 전략과 목표를 조정하며, 고객 목소리를 반영해 제품 가치를 지속적으로 높이는 것이 애자일 방식의 핵심입니다. 이와 함께 필요한 접근법으로 '디자인 싱킹'Design Thinking이 있어요. 고객 입장이 되어 고객이 겪고 있는 문제와 고객에게 정말 필요한 것이 무엇인지 깊이 생각해보는 방법인데요, 디자인 싱킹은 애자일 방식과 함께 고객 중심의 혁신을 이루는 데 효과적입니다. 디자인 싱킹에 관해서는 전해드릴 내용이 많으니 다음 장에서 자세히 다루겠습니다.

많은 기업이 애자일 방식으로 고객의 진짜 문제를 발견하고 해결해 고객을 만족시켰습니다. 마이크로소프트, 배달의민족, 넷플릭스와 스포티파이 등이 대표적이죠. 이 기업들은 모두 고객 중심의 접근 방식을 기반으로 빠르게 실험하고 피드백을 반영하면서 제품과 서비스를 지속적으로 개선하고, 경쟁력을 강화했습니다.

먼저 마이크로소프트는 2010년대 초반 클라우드 서비스로 전환하기 시작하면서 애자일 문화를 조직 전반에 도입했습니다. 소프트웨어 개발팀에서는 애자일 방식을 적용해 고객의 문제를 신속하게 파악하고 해결하게 되었고, 그 대표적인 예가 클라우드 서비스인 애저Azure와 오피스 365Office 365입니다. 초기에는 고객 불만이 많았지만 고객들에게 지속적으로 피드백을 받아 문제를 빠르게 해결했죠. 특히 오피스 365는 사용자 경험을 향상시키기 위해 기능을 다양하게 업데이트하며 개선했습니다. 그 결과 마이크로소프트는 고객들이 필요로 하는 최적한 해결책을 제공하며 글로벌 클라우드 서비스 시장에서 중요한 위치를 차지하게 되었습니다.

배달의민족(우아한형제들)은 한국 배달 앱 시장에서 애자일 방식을 적극적으로 활용한 또 다른 성공 사례입니다. 배달의민족은 초기부터 소규모 팀 단위로 빠르게 실험하고 피드백을 수집하는 방식으로 사용자 경험을 개선해나갔어요. 고객이 겪고 있던 문제, 특히 주문 뒤 음식이 언제 도착할지 모르는 불확실성을 해결하기 위해 실시간 배달 추적 시스템을 도입했고, 이를 통해 고객의 불안감을 해소하며 큰 가치를 창출했죠. 이 같은 서비스는 고객들이 음식을 빠르게 받을 수 있게 해 사용자 경험을 크게 향상시켰습니다. 배달의민족은 애자일 방식으로 고객의 실제 문제를 해결하고, 빠르게 변화하는 시장에서 경쟁력을 유지할 수 있었습니다.

앞에서 살펴본 넷플릭스 역시 애자일 방식으로 고객의 요구를 끊임없이 반영하며 스트리밍 서비스 시장을 선도해왔습니다. 사용자 행동 데이터를 기반으로 다양한 실험을 반복하면서 서비스를 개선했고, 그중에서도 핵심은 개인 맞춤형 추천 시스템이었습니다. 이 시스템은 고객의 시청 패턴을 분석해 맞춤형 콘텐츠를 추천함으로써 고객이 원하는 콘텐츠를 쉽게 찾을 수 있도록 도와 고객이 직면한 진정한 문제, 즉 '무엇을 볼지 고민하는 시간'을 크게 줄여 줬습니다. 또 고객 데이터를 바탕으로 고객들이 원하는 콘텐츠를 예측해 자체 제작 시리즈를 제공하면서 스트리밍 시장을 주도하고 있습니다.

스포티파이도 애자일 방식을 성공적으로 적용한 기업입니다. 스포티파이는 '스쿼드'라는 독립적인 소규모 팀 단위로 운영되며, 실시간 데이터를 기반으로 고객 행동을 분석하고 그에 맞춰 서비스를 신속하게 업데이트하는 방식으로 고객을 만족시켰습니다. 특히 디스커버 위클리Discover Weekly 기능은 고객이 겪는 '음악 탐색의 어려움'을 해결한 대표적인 사례로, 개인 맞춤형 음악을 추천해 사용자가 새로운 음악을 쉽게 발견할 수 있게 했죠. 이 기능은 고객의 음악 소비 경험을 크게 향상시켰고, 정기적으로 스포티파이를 사용하게 하는 중요한 이유 중 하나가 되었습니다.

소규모 기업 중 애자일 방식을 성공적으로 활용한 가장 유명한 사례로는 슬랙Slack이 있어요. 슬랙은 팀 커뮤니케이션 도구로, 처음에는 게임 회사에서 내부 소통을 위해 개발되었지만 그 유용성을 인정받아 시장에 출시되면서 빠르게 성장했습니다. 애자일 방식을 적극적으로 활용해 고객 피드백을 신속하게 반영했고 실시간 알림, 검색 기능, 다양한 앱과의 통합 같은 주요 기능을 계속해서 업데이트해나갔죠. 사용자들이 필요로 하는 기능을 민첩하게 반영하며 개선을 거듭한 덕분에 슬랙은 이제 전 세계의 다양한 팀과 기업에서 필수적인 협업 도구로 자리 잡았습니다.

실전 팁

빠르게 테스트하고 개선하기

새로운 아이디어나 기능을 완벽하게 준비하기보다는 초기 버전을 빠르게 출시해 고객 반응을 확인하고 피드백을 바탕으로 개선해나가세요.

지금 알고 있는
고객의 문제점을
세 가지만 대보세요
새로운 생각의 시도, 디자인 싱킹

이 장은 한 어린아이 이야기로 시작해볼까 해요. 이 아이는 난치성 백혈병을 앓고 있었는데 진찰 중 증상이 악화된 것으로 보여 좀더 정밀한 검사가 필요했죠. 의사는 MRI 촬영을 권유했고, 평소 MRI 검사를 극도로 무서워하던 아이는 기계에 들어가지 않겠다고 몸부림치며 병동이 떠나갈 정도로 울었습니다. 대기 중인 다른 환아와 보호자 들 앞에서 아이 어머니는 몹시 곤란해져 겁에 질린 아이를 다그치기 시작했어요.

> 엄마 　창피하게 얘가 왜 이래? 사람들이 다 쳐다보잖아. 너
> 　　　　안 아프게 하려고 그러는 거야.
> 아이 　싫어! 싫다고! 절대 안 할 거야!

엄마　잠깐이면 돼. 얼른 검사하고 아픈 거 다 낫자, 얼른!

의사　어머님, 지금은 아이가 너무 흥분했으니 우선 좀 진정
　　　시키고 다음에 검사하는 게 좋겠어요. 다른 환자분들
　　　도 기다리고 계시구요. 죄송합니다.

이때 아이 어머니와 의사가 각자 바라본 것은 무엇일까요? 먼저
아이 어머니는 의사를 비롯한 주변 사람들 시선을 의식하며 체면
을 차렸고, 아이가 검사를 거부해 속상한 마음을 드러냈습니다.
의사는 친절하게 이야기하긴 했지만 다음 진료가 늦어져 마음도
급하고 난감한 상황을 어서 정리하고 싶었죠. 이렇게 혼란스러운
가운데 한 간호사가 이야기했습니다.

간호사　선생님, 저한테 좋은 생각이 있어요. 아이가 MRI를
　　　　무서워하는 것 같은데 제가 검사 시간을 즐겁게 만
　　　　들어볼 수 있을 것 같아요. 어머니, 아이와 조금만 기
　　　　다려주세요.

간호사는 초콜릿 하나를 아이에게 쥐어주고는 밖으로 뛰어나갔어
요. 아이는 언제 울었냐는 듯 의자에 앉아 초콜릿을 맛있게 먹었
고, 얼마 뒤 병동으로 돌아온 간호사는 알록달록한 스티커 몇 장
을 손에 들고 MRI 검사실로 들어갔습니다. 이윽고 복도로 나온

간호사가 아이에게 물었어요.

> 간호사   게임 좋아해?
>
> 아이   네!
>
> 간호사   그럼 의사 선생님이랑 나랑 엄마랑 같이 지금부터 재
> 미있는 게임 해볼래? (MRI를 보여주며) 여기는 병원
> 나라 동굴이야. 동굴 여기저기에 괴물들이 붙어 있
> 지? "게임 끝!"이라는 소리가 들릴 때까지 네가 동굴
> 속에서 꼼짝 않고 가만있으면 이 스티커 괴물을 모두
> 물리치고 동굴의 영웅이 되는 거야. 하지만 만약 네
> 가 몸을 움직이면 스티커 괴물들이 동굴 밖으로 뛰쳐
> 나와서 의사 선생님이랑 나랑 엄마를 모두 동굴 깊은
> 곳으로 데려갈 거야. 우리를 지켜줄 수 있지?

간호사의 이야기를 다 듣더니 아이는 고개를 끄덕이고 MRI에 누
웠습니다.

> 간호사   자, 이제 게임 시작한다? 기억해! "게임 끝" 소리가 들
> 릴 때까지 움직이지 않아야 우리 모두 무사할 수 있어!

결국 아이는 검사가 끝날 때까지 한 번도 움직이지 않고 동굴의

48

영웅이 되었습니다. MRI 검사를 해본 분들은 아실 테지만 커다랗게 구멍이 뚫린 데다 소음이 끊이지 않는 MRI를 일부 성인도 두려워합니다. 어른도 무서워하는데 하물며 아이들은 더 무서울 수밖에 없겠죠. 이 사례에서 아이 어머니는 속상함과 체면을 생각하고, 의사는 진료 환경을 신경 썼지만 간호사만은 아이의 검사라는 진짜 문제에 집중했습니다. 검사를 받아야 병증을 파악하고 치료할 수 있으니 반드시 검사를 성공시켜야 했죠. 결국 간호사는 아이 마음을 꿰뚫어보고 아이 눈높이에서 검사를 놀이로 바꿔냈습니다. 이처럼 고객 입장에서 생각해 고객 만족을 이뤄내는 일을 '디자인 싱킹'이라고 해요. 주어를 고객으로 삼고 고객 입장에서 진짜 문제가 무엇인지 바라보는 거죠.

GE헬스케어에서는 생각을 디자인해 경험을 변경한 이 사례의 아이디어를 구체화해 어린이용 MRI를 개발하고 매우 큰 성과를 거뒀습니다. 그 전까지 80퍼센트에 달했던 MRI 어린이 이용자 중 진정제 투입 비율은 어린이용 MRI에서 27퍼센트까지 감소했고, 아이들의 거부감이 줄어드니 진찰 시간 중 아이들에게 검사를 설득하는 시간이나 검사 시간도 대폭 줄었습니다. 결국 더 많은 환자를 검사할 수 있게 되어 의료 서비스 제공이 확대되고, 수익도 증대됐죠.

이 사례에서 간호사가 맞춘 눈높이는 아이의 눈높이이자 고객 만족의 눈높이였습니다. 아이에게 꼭 필요하지만 두려움의 대상이었던 검사를 재미있고 신나는 일로 바꿨고, 간호사로서 일에서 보람도 느꼈어요. 고객 만족을 이루려면 어렵고 도전적인 과제가 주어진 상황에서 이해관계자 입장에 서서 무슨 문제를 해결해야 하는지 집중해야 합니다. 고객의 마음 깊숙이 자리한 진짜 문제를 파악하고 공감해야만 생각을 디자인할 수 있습니다.

디자인 싱킹을 활용해 고객의 문제를 해결하고 혁신을 이끌어 낸 사례는 이 외에도 다양합니다.

대표적인 예로 디즈니는 최상의 고객 경험을 제공하는 아이디어가 풍부한 회사로 유명합니다. 디즈니가 디즈니랜드를 운영하면서 고객에게서 가장 자주 듣는 불만은 대기 줄이 너무 길다는 것이었습니다. '대기 시간 축소'라는 어려운 문제를 해결하기 위해 디즈니 구성원들은 고객 경험에 동참했어요. 직접 줄을 서보고 고객을 대면하며 진짜 문제를 파악했고, 서비스 프로세스를 개선해 오랫동안 지속돼온 고객 불편을 최소화하고 감동을 최대화하는 프로그램을 개발했습니다. 디즈니는 매일 네 곳의 테마파크 중 한 곳은 한 시간 일찍 개장하고, 리조트에 묵는 손님을 위해 평소보다 최대 세 시간 늦게 폐장하는 '엑스트라 매직 아워스'를 운영해 소중한 고객에게 비교적 덜 붐비는 시간대에 테마파크를 이용할 수 있는 기회를 제공하는 동시에 붐비는 시간대 이용객을 줄였습니다. 또 대기 시간을 짧게 느끼고 어트랙션에 몰입할 수 있도록 '인터랙티브 줄 서기'를 기획, 개발해 줄 서기의 경험 수준을 한 단계 높였죠. 고객은 줄을 설 때부터 어트랙션 여정에 동참하게 됩니다. '미녀와 야수' 어트랙션은 대기하는 동안 영화 등장인물들이 반겨주고 안내하며, 중간중간 설치된 스크린에서 짧은 소개 동영상이 재생되고 이용객들과 함께 게임하면서 어트랙션에 몰입하게 합니다.

에어비앤비는 사업 초기 성장이 부진하자 디자인 싱킹을 적용해 문제를 해결했습니다. 고객들이 숙소를 예약하지 않는 이유를 찾아보니 숙소 사진이 매력적이지 않고 품질이 낮았다는 점을 발견한 거죠. 에어비앤비 창업자들은 고객 입장에서 이 문제를 해결하기 위해 직접 숙소 사진을 찍어 게시했습니다. 그러자 예약률이 급증했고, 작은 변화가 큰 차이로 이어지며 에어비앤비는 큰 성공을 거뒀습니다.

P&G는 사람들이 일반적인 걸레와 물걸레로 청소하는 과정에서 불편함을 느낀다는 점을 발견했어요. 디자인 싱킹을 통해 고객들의 청소 과정을 관찰하고 그들이 더 간편하게 청소할 수 있는 방법을 고민한 결과, 일회용 패드를 사용해 간편하게 먼지를 제거할 수 있는 스위퍼swiffer라는 청소 도구를 개발했습니다. 스위퍼는 사용한 뒤 패드를 버릴 수 있어 청소를 훨씬 간편하게 만들었고, 고객들은 이 편리함에 크게 호응했어요. 이 제품은 디자인 싱킹으로 고객의 문제를 해결한 대표 사례로 지금까지도 자주 언급됩니다.

피지워터가 고급 생수 브랜드로 자리 잡을 수 있었던 이유 역시 디자인 싱킹 덕분입니다. 생수 시장에서 차별화된 브랜드를 만들기 위해 피지워터는 고객의 기대와 심리를 분석했어요. 단순히 물의 품질만 내세운 것이 아니라 피지섬의 자연에서 채취한 물이라는 스토리를 강조하고 병을 고급스럽게 디자인해 고객에게 프리미엄 생수라는 가치를 전달하고자 했습니다. 이 전략으로 피지워터는 고급 생수로 각인되어 레스토랑과 호텔 등에서 널리 사용되며 성공을 거뒀습니다.

고객 만족도를 올리기 위한 아이디어는 구체적으로 어떻게 준비하고 실행해야 할까요? 고객의 진짜 문제를 알려면 당연하게도 고객 입장이 되어 생각해봐야 합니다. 이를 심리학 용어로 '고객 페르소나'라고 해요. 그리고 고객 입장이 되어 상황에 공감하며 문제를 발견하고 이해하고 인식을 전환해 아이디어를 모으는 과정이 바로 '디자인 싱킹'이죠. 이 아이디어는 고객 입장에 깊이 공감하며 사람들의 잠재된 욕구, 마음 깊이 원하는 것이 무엇인지 가슴으로 느끼는 데서 출발합니다. 고객을 이해하고 나면 해결해야 하는 문제들이 보이기 시작해요. 그중 어떤 문제를 먼저 해결할지 순서대로 정리하고 우선순위부터 다양한 아이디어를 최대한 많이 도출합니다. 모인 아이디어들 중 현실성 있는 것들을 선택해 어떻게 구현할지 구체화하고, 예비 고객의 반응으로 아이디어를 검증합니다. 고객을 진정으로 만족시킬 아이디어를 마련할 때까지 아이디어 도출, 구체화, 검증 단계를 반복합니다.

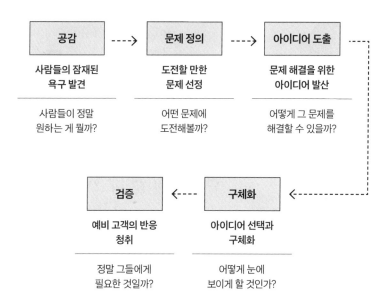

| 공감 | ----> | 문제 정의 | ----> | 아이디어 도출 |

사람들의 잠재된
욕구 발견

도전할 만한
문제 선정

문제 해결을 위한
아이디어 발산

사람들이 정말
원하는 게 뭘까?

어떤 문제에
도전해볼까?

어떻게 그 문제를
해결할 수 있을까?

| 검증 | <---- | 구체화 | <------- |

예비 고객의 반응
청취

아이디어 선택과
구체화

정말 그들에게
필요한 것일까?

어떻게 눈에
보이게 할 것인가?

이처럼 디자인 싱킹을 통해 고객의 문제를 깊이 공감하고, 고객이 정말 원하는 본질에 기존의 틀을 깨고 다양한 방면으로 접근해 최적의 아이디어를 도출한다면 얼마든지 새로운 기회를 만들 수 있습니다. 이해의 깊이가 곧 혁신의 힘, 성공의 크기죠. 여러분의 회사는 지금 고객의 마음을 얼마나 이해하고 있나요?

실전 팁

고객 입장에서 생각하기

고객이 어떤 문제를 겪고 있는지 공감하고, 문제를 해결하기 위한 아이디어를 고객의 시각에서 도출해보세요.

고객이 참여하는 상품을 팔아라

경험 경제 시대의 새로운 기회

컬럼비아 대학교 기술경영학 교수 B. 조지프 파인 2세B. Joseph Pine II
는 『경험을 디자인하라』Designing Experiences 서문에서 오늘날 경제
가 더 이상 단순히 효율적인 제품 생산에만 초점을 맞추지 않는다
고 말합니다. 제조업 중심이었던 공업 경제와 서비스의 가치를 높
인 서비스 경제가 지나고 이제는 '경험 경제' 시대에 접어들었다고
요. 지금의 소비자들은 물건을 소유하는 것만으로는 만족하지 않
고, 제품이나 서비스를 통해 특별한 경험, 감정, 즐거움을 얻고자
합니다. 경험 경제의 핵심은 단순히 제품을 소비하는 것이 아니라
그 경험 속에 소비자가 직접 참여하도록 하는 데 있어요. 소비자가
곧 경험의 일부가 되어 새로운 가치를 창출하는 시대가 열린 거죠.
우리 일상에서도 경험 경제의 흔적은 쉽게 찾아볼 수 있습니다.

소셜미디어:
사용자가 콘텐츠의 일부가 되는 경험

페이스북이나 인스타그램 같은 소셜미디어 플랫폼은 사용자들이 단순히 콘텐츠를 소비하는 것이 아니라 직접 창작하고 공유할 수 있게 합니다. 사용자가 올리는 게시물, 좋아요, 댓글은 모두 플랫폼의 중요한 자원이 되죠. 이 데이터는 광고 수익으로 이어지며, 사용자에게 맞춤형 서비스를 제공하는 근거가 됩니다. 사용자가 창출하는 콘텐츠와 활동 자체가 기업의 상품이 되는 겁니다.

공유 경제:
자원을 공유하는 경험

에어비앤비와 우버 같은 공유 경제 서비스에서는 고객이 단순한 소비자가 아니라 자신의 자원을 제공해 거래에 참여하게 됩니다. 에어비앤비의 호스트는 자신의 집을 공유하고, 우버의 운전자는 자신의 차량을 이용해 서비스를 제공합니다. 고객이 스스로 제공한 자원이 플랫폼에서 상품이 되는 거예요.

고객 경험을 리드하는 기업이 되기 위해

이런 경험 경제 시대에 기업이 성공하려면 제품과 서비스를 넘어선 경험을 제공해야 합니다.

나이키는 다양한 디지털 플랫폼을 통해 고객이 브랜드 경험을 확장하고 강화하도록 합니다. 나이키 런 클럽과 나이키 트레이닝 클럽은 사용자들에게 운동 데이터를 기반으로 맞춤형 피드백과 운동 계획을 제공하며, 고객이 나이키와의 상호작용을 지속할 수 있도록 돕고 있어요. 또 '나이키 바이 유' 프로그램에서는 고객이 자신만의 맞춤형 운동화를 디자인할 수 있습니다. 이를 통해 고객은 제품에 소유감을 느끼는 일을 넘어 직접 경험의 창조자가 됩니다.

애플도 '애플 스토어'와 '투데이 앳 애플' 프로그램을 통해 고객이 직접 제품을 체험하고 배울 수 있는 환경을 제공하고 있어요. 이를 통해 단순히 제품을 사용하는 일을 넘어 고객이 브랜드에 신뢰와 충성심을 느끼게 하죠.

신발 판매 플랫폼 자포스Zappos는 경험 경제의 끝판왕입니다. 맞춤형 추천 서비스를 통해 취향을 분석하고, 고객에게 맞춘 제품을 추천합니다. 자신의 스타일에 맞는 제품을 추천받으면 고객은 자포스가 자신을 이해하고 있다는 신뢰감을 느끼겠죠? 또한 고객이 신발을 사용해본 뒤에도 마음에 들지 않으면 편리하게 반품할 수 있도록 테스트 앤드 리턴 프로그램을 운영해 고객의 신뢰와 편의를 모두 잡고 있습니다.

이뿐 아닙니다. 자포스는 고객들이 자유롭게 의견을 나누고, 새로운 아이디어를 제안할 수 있는 커뮤니티 피드백 포럼을 마련했습니다. 고객의 의견이 실제로 반영된다는 점에서 고객은 자포스의 성장에 기여하고 있다고 느끼게 되죠. 더 나아가, 자포스는 맞춤형 감사 카드와 특별 혜택을 제공해 고객이 특별한 대우를 받는 기분을 느끼도록 합니다. '우리 신발 이야기' 같은 캠페인을 통해 고객이 자포스와 함께한 기억을 공유하게 해 브랜드와의 감정적 연결을 강화하는 세세한 측면까지 신경 쓰고 있고요. 자포스의 이 모든 경험은 고객을 단순한 구매자가 아니라 브랜드와 함께 성장하는 진정한 동반자로 느끼게 해요. 오늘날 브랜드는 이처럼 고객 참여를 적극적으로 이끌어내는 방향으로 나아가야 합니다.

최고의 고객 경험이란?

고객의 기대를 뛰어넘어 고객 자신도 몰랐던 필요를 발견하고 충족시켜주는 것이야말로 최상의 경험입니다. 전 직원이 고객 중심으로 사고하도록 이끄는 것도 리더의 역할이에요. 사장님이 고객 경험을 직접 체험하고 고객의 니즈를 함께 찾아간다면 그 회사는 진정한 고객 중심의 혁신 기업으로 자리 잡을 수 있습니다.

실전 팁

작은 시도라도 좋습니다. 고객이 참여하고 경험할 수 있는 방안을 고민하고 적용해보세요.

고객과의 진정성 있는 접점을 만들어라

지속적인 연결만이 꺾이지 않는 매출을 만들어낸다

기계와 인공지능이 사람의 역할을 대체할수록 사람 사이의 따뜻한 접점은 더욱 중요해집니다. 탁월한 고객 경험의 중심에는 언제나 '휴먼 터치'가 있으며, 인적 요소는 앞으로도 고객 경험에서 중요한 역할을 하게 될 겁니다. 특히 고객과 가장 가까운 곳에서 일하는 구성원들이 브랜드와 제품에 미치는 영향이 크기 때문이에요. 최근 많은 화장품 회사가 VR이나 AI 기술을 활용해 가상 뷰티 체험을 제공하며 고객과의 접점을 확대해나가고 있지만 진정으로 고객 중심적인 기업이 되기 위해서는 단순히 기술에 투자하는 것만으로는 부족합니다.

고객 중심 혁신을 이룬 기업들에는 언제나 '사람을 우선하는 문화'가 강하게 자리하고 있어요. 고객 중심 조직문화는 모든 구성원이 고객의 요구를 우선하며, 제품과 서비스의 접점(moment of truth)에서 고객에게 진정성을 느끼게 합니다.

사람과의 관계가 곧 매출을 만든다

사업도 관계가 기본입니다. 일시적으로 물건을 팔기보다 고객에게 지속적으로 좋은 감정과 신뢰를 쌓으며 관계를 이어가야 해요. 직접 눈으로 보거나 만져보지 않고 많은 것을 결정하는 디지털 시대에는 무엇보다 진정성을 가지고 고객과 항상 연결되어 있다는 마음가짐, 좋은 관계를 이어나가겠다는 마음가짐이 중요하고요. 고객은 이제 단순한 상품이 아니라 상품에 담긴 이야기나 경험을 구매하기를 원해요. 고객이 몰입할 만한 경험을 제공하지 못한다면 회사의 성장은 제한될 수밖에 없습니다.

세포라: 진정성 있는 고객 접점을 통해 가치를 높이다

화장품 브랜드 세포라Sephora는 고객과의 접점을 강화해 오랜 시간 고객 만족을 키워온 대표 기업입니다. 뷰티 스튜디오와 개인 뷰티 상담사를 통해 고객이 일대일 상담을 받을 수 있도록 서비스하며 긍정적인 경험을 제공했죠.

하지만 인터넷과 모바일을 통한 이커머스가 성장하고 온라인 구매 비율이 늘면서 세포라의 오프라인 매장은 온라인쇼핑 업체들의 쇼룸으로 전락할 위기에 처했습니다. 세포라의 리더는 기존 고객들의 이탈을 막고 온라인쇼핑 업체들과 경쟁하려면 매장과 고객 경험을 혁신하는 길밖에 없다고 판단하고, 고객 중심으로 온·오프라인 조직을 통합해 운영하는 방법을 모색했습니다. 세포라는 먼저 오프라인 마케팅과 디지털 마케팅 부서를 '옴니 리테일'Omni Retail 팀으로 통합했어요. 따로 관리하던 고객 프로필, 판매 지표, 이벤트 및 고객 혜택 정보를 통합하자 각 채널 간 공동 작업이 수월해지고, 매장과 온라인 상점이 연결되어 기존 고객의 충성도가 올라가며, 고객 구매 행동을 기반으로 온·오프라인 채널에서 상품을 추천하는 일도 가능해졌습니다.

여기에서 그치지 않고 세포라는 고객을 감동시키기 위한 가장 혁신적인 서비스를 고객 접점에서 실시하기로 했습니다. 증강현실을 활용해 메이크업 제품을 테스트할 수 있는 '가상 아티스트'Virtual Artist를 제공한 거죠. 모디페이스Modi Face와 협력해 스마트폰을 통해 인공지능 기술로 얼굴을 인식하고, 증강현실로 세포라에서 판매되는 립스틱, 아이섀도우 등을 테스트해 자신에게 적합한 화장품을 선택하도록 돕는 한편, 원하는 상품을 구매할 수 있도록 온라인 구매로 연결하거나 오프라인 매장을 안내하는 서비스를 제공하며 고객 가치를 높이고 있습니다.

밀크 바: 일상적인 소통으로 고객과 친밀감을 형성하다

미국 뉴욕의 유명 디저트 브랜드 밀크 바Milk Bar는 매장과 소셜미디어에서 고객과의 소소한 소통을 통해 독특한 브랜드 경험을 제공합니다. 제임스 비어드 상James Beard Foundation Awards을 두 차례나 수상한 셰프인 크리스티나 토시Christina Tosi는 고객과의 접점을 중요시해, 매장에서 디저트를 만드는 과정을 보여주거나 새로운 메뉴 아이디어를 고객과 공유하며 피드백을 받는 등 고객이 브랜드의 성장 과정에 참여하는 느낌을 받게 했어요. 소셜미디어에 "오늘은 이런 레시피를 테스트해봤어요"라는 식으로 일상을 간단하게 공유해 고객들이 브랜드를 친구처럼 느끼게 만든 거죠. 이는 고객이 브랜드에 신뢰를 쌓고 충성도를 높이게 하는 중요한 요소가 되었습니다.

프립: 고객과 함께 만들어가는 경험의 가치

프립Frip은 고객이 여행이나 액티비티를 다양하게 기획하고 직접 참여할 수 있는 액티비티 플랫폼입니다. 프립은 호스트와 참여자의 연결을 강조하며, 액티비티를 통해 진정성 있는 경험을 제공해요. 프립의 호스트들은 자신이 기획한 액티비티에 참여한 고객들과 소통하고 피드백을 반영해 프로그램을 지속적으로 개선해나갑니다. 또한 고객들의 후기와 사진을 소셜미디어나 앱에서 공유하며 고객이 커뮤니티의 일원이라는 소속감을 느끼게 하죠. 프립은 이런 소통 전략으로 고객이 유대감을 더 강하게 느껴 자연스럽게 브랜드에 대한 충성으로 이어지도록 만들고 있어요.

고객과의 지속적인 연결이
회사의 성장으로 이어진다

고객의 필요와 욕구는 시시각각 변하고 있습니다. 그만큼 고객 가치를 추구하는 방식도 변하고 있어요. 사장은 이를 감지하고 변화에 대응하며 고객과의 연결을 이어가야 합니다. 각자 분야에 적합한 목적과 방식을 명확히 해야만 지속적으로 성장하고 생존할 수 있습니다. 대부분 사장님이 제품이나 서비스를 만들고 파는 데 집중하느라 고객과의 연결은 간과하거나 후순위로 미루기 십상입니다. 단지 제품 판매에 집중하는 데서 벗어나 고객과 진정성 있는 관계를 유지해보세요. 고객과의 연결이야말로 꺼지지 않는 매출을 만드는 열쇠가 됩니다. 작은 것부터 시작해보세요.

에르메스Hermes 광고 카피 중 이런 내용이 있어요. "모든 것은 변한다. 그러나 아무것도 변하지 않는다(Everything changes but nothing changes)." 디지털 시대의 기술은 계속해서 발전하고 우리의 생활 방식 또한 그에 따라 변화하지만 고객의 진정한 니즈는 변하지 않습니다. 고객과의 접점에서 따뜻한 소통을 지속할 때 고객은 마음을 열고, 이 방식은 기업에서 앞으로도 변하지 않는 중요한 자산이 될 겁니다.

실전 팁

하루에 짧게 세 줄이라도 좋습니다. 회사 인스타그램이나 블로그에 지금 만들고 있는 제품이나 일상을 공유해보세요. 고객과의 진정성 있는 소통이 매출로 이어진다면 충분히 투자할 가치가 있지 않을까요?

Part 2

사장은 구성원을
배워야 한다

가장 효율적인 팀 구성

팀장 한 명이 관리할 수 있는 팀원 수는 정해져 있다

회사가 안정적으로 운영되려면 각 팀이 효율적으로 구성되어야 합니다. 팀 구성의 기본은 각 부서가 회사의 목표를 달성하는 데 어떻게 기여할지 깊이 이해하는 데서 출발하죠. 이제부터는 팀 구성의 효율성을 높이는 방법을 알아볼게요.

일반적으로 팀장 한 명이 관리할 수 있는 최적의 팀원 수는 세 명으로 알려져 있습니다. 팀장이 팀원 각각과 충분히 소통하고 지원하려면 이 정도 규모가 이상적이죠. 팀원이 너무 많으면 팀원 개개인에게 집중하기 어렵고, 이로 인해 성과와 만족도가 떨어질 수도 있으니까요. 반대로 팀원이 너무 적으면 팀 간 협력이 부족해지고, 팀장이 지나치게 세부적인 부분까지 관여하게 되어 관리가 비효율적일 수 있습니다. 특히 15인 이하 규모의 회사에서는 팀 규모가 너무 작거나 크지 않도록 유연하고 실용적으로 접근해야 합니다.

구글Google의 사례를 한번 살펴볼까요? 구글은 직원 관리와 성과 향상에 대해 깊이 연구한 결과, 팀장 한 명이 여섯 명 이상을 관리할 때부터 관리 품질이 떨어진다는 점을 발견했습니다. 그래서 팀장 한 명이 관리하는 팀원 수를 다섯 명에서 여섯 명 정도로 유지하도록 했죠. 이 같은 구성 덕분에 구글의 팀원들은 충분히 지원받으면서 창의성을 발휘할 수 있었고, 이런 효율적인 팀 구성 방식은 구글의 조직문화를 혁신하고 직원 만족도를 높이는 데 크게 기여했습니다. 미국의 직장 평가 사이트 글래스도어Glassdoor에서 '일하기 좋은 기업'으로 10년 연속 상위권에 오르기도 했죠.

반면, 노키아Nokia는 팀을 효율적으로 구성하지 못해 어려움을 겪었습니다. 2007년 애플이 아이폰을 출시하면서 스마트폰 혁명이 시작되었지만 노키아는 시대의 변화에 발 빠르게 대응하지 못했습니다. 왜일까요? 당시 노키아의 조직 구조는 너무 복잡하고, 팀장들이 관리하는 팀원 수가 너무 많았기 때문입니다. 관리 범위가 지나치게 넓어 의사결정 속도가 느려졌고, 팀장들이 각 팀원에게 충분히 집중할 수 없었죠. 결국 노키아는 혁신적인 제품을 내놓는 데 실패하면서 애플과 삼성 같은 경쟁사에 시장을 내주게 되었습니다.

비슷한 사례로 HP(휴렛 팩커드)도 있습니다. 2000년대 중반, HP는 비용을 절감하기 위해 팀장 한 명이 관리하는 팀원 수를 대폭

늘렸습니다. 하지만 그 결과는 예상과 달랐습니다. 팀장들이 각 팀
원에게 제공할 수 있는 지원이 줄어들면서 직원들의 업무 만족도
와 성과가 떨어진 거죠. HP는 팀 구성의 비효율성을 인식하고 관
리 체계를 재구성해야 했어요.

여기서 한 가지 흥미로운 사실은 팀장이 없는 팀도 문제가 될
수 있다는 점입니다. A사는 조직을 축소하는 과정에서 팀장 수는
유지한 채 팀원 수만 줄이는 전략을 선택했습니다. 결과적으로 팀
장들이 혼자서 팀을 이끄는 상황이 되었고, 팀장은 팀원 관리보다
는 직접 업무를 수행하는 데 시간을 쏟아야 했습니다. 이 구조는
팀장에게 과도한 부담을 주었고, 조직 전체의 효율성을 저하시켰
습니다. 결국 A사는 이런 조직 구조의 문제점을 인식하고 팀 구성
을 재정비하기에 이르렀죠.

이처럼 효율적인 팀 구성은 회사의 성과와 직결됩니다. 구글의
사례에서 보듯 적절한 관리 범위를 설정해 팀장이 팀원과 원활하
게 소통하고 협력할 때 조직의 성과와 만족도는 자연히 오릅니다.
팀원들이 자신의 역할을 명확히 이해하고, 팀장에게서 필요한 지
원을 받을 수 있는 환경에서는 신뢰와 협력이 따르기 마련이고요.
이는 팀원들의 만족도와 조직에 대한 충성도를 높이는 데 중요한
역할을 합니다.

반대로 팀 구성이 비효율적인 상태를 유지하면 조직 내 갈등
과 불신이 쉽게 생기고, 장기적으로 회사의 성과에 부정적인 영향

을 미칩니다. 나중에 더 자세히 다루겠지만 구글은 팀원들이 자유롭게 의견을 표현하고 실패를 두려워하지 않는 심리적 안전감 Psychological Safety을 조성해 창의적인 아이디어가 자연스럽게 나올 수 있는 문화를 만들었습니다. 반면 노키아는 조직 내 의사소통이 원활하지 않았고, 팀원들이 창의적으로 도전할 수 있는 환경을 제공하지 못해 혁신이 정체됐죠.

회사의 팀을 효율적으로 구성하고 운영하려면 다음 원칙을 따라야 합니다.

1. 팀 구성 현황 평가: 현재 회사의 팀 구성과 관리 범위를 진단해보세요. 팀장 한 명이 관리하는 팀원 수가 지나치게 많거나 너무 적지 않은지 확인합니다. 숫자보다는 팀장이 팀원들에게 제공할 수 있는 지원의 균형이 중요합니다.

2. 역할과 책임 명확화: 각 팀과 부서의 역할과 책임을 명확히 정의하세요. 이를 통해 조직 내 혼란을 최소화하고, 각 팀원이 자신의 역할을 정확히 이해하도록 해 협력을 촉진할 수 있습니다.

3. 구성원에게 역할과 책임 공유
팀/부서별 역할과 책임을 정리해 각 팀원에게 명확히 설명하고, 이를 문서화해 팀 내 투명성을 강화합니다.

팀장이 과도한 업무량에 시달리거나 관리해야 할 팀원이 너무 많다면 이는 팀뿐 아니라 회사 전체에 부정적인 영향을 미칩니다. 만약 팀장의 권한이 충분하지 않다면 문제는 더욱 심각해져요. 팀장에게 주요한 결정권이 없으면 팀은 자율성과 효율성을 잃습니다. 상위 관리자의 승인을 기다리느라 업무가 자주 지체되고, 자율적으로 일할 기회가 줄어 창의성이 억제되고 사기가 떨어지죠.

사장은 이런 문제를 미리 인지하고, 팀 구성과 관리 구조를 주기적으로 평가하고 필요에 따라 조정하면서 회사의 지속 가능한 성장과 안정성을 확보해야 합니다. 좀더 자세히 설명하자면 팀장이 관리해야 할 인원이 과도하지 않도록 팀 구성을 조정하고, 필요한 경우 팀원 수를 재배치해야 해요. 또한 팀장에게 권한을 충분히 부여해 빠르고 효율적으로 의사를 결정하고, 팀을 자율적으로 운영하도록 지원해야 하죠. 팀장들의 스트레스 수준을 모니터링하는 한편, 팀장들을 통해 팀원들의 스트레스를 관리하게 하며 구성원들의 번아웃을 예방하기 위한 지원 시스템을 마련하는 것도 사장이 할 일이에요.

다보스 포럼에서는 이제 회사 전체의 문화를 통제하거나 주도하는 시대는 지났다고 강조하며 '주머니 문화'pocket culture라는 개념을 소개했습니다. 이는 팀장이 보여주는 행동, 의사결정 방식, 그리고 팀원들을 관리하는 스타일이 곧 그 팀의 문화로 자리 잡는다는 뜻입니다. 조직문화는 사장이 일방적으로 만들어가는 게 아니라 팀장들이 일하는 방식에 직접적으로 영향받습니다. 팀장이 어떻게 관리되고 지원받는지에 따라 조직의 성과와 효율성 그리고 문화가 크게 달라지죠. 사장과 중간 관리자의 리더십 스타일과 세밀한 관리 방식이 어느 때보다 중요한 이유예요. 사장이 회사에 효율과 협력을 갖추면 팀 성과가 오르는 것은 기본이고, 긍정적이고 창의적인 문화가 자리 잡아 변화하는 환경에 빠르게 적응하고 성장을 거듭하는 회사가 됩니다.

실전 팁

팀을 구성하고 관리할 때는 두 가지만 기억하세요.

1. 효율적인 관리 범위를 유지하세요.

2. 각 팀장들에게 역할과 책임을 명확하게 부여하세요.

회사에 새로운 구성원을
받아들일 때

채용은 입사 이후가 더 중요하다

회사가 성장하고, 새로운 사업을 확장하며 더 많은 고객을 응대해야 할 때 우리는 종종 새로운 인재를 필요로 합니다. 기존 구성원만으로 역부족이거나 특정 분야의 전문성이 필요할 때, 또는 조직문화와 맞는 협력적인 인재가 필요한 경우 채용을 고민하게 되죠. 그렇다면 우리 회사에 꼭 맞는 인재를 찾고, 채용 이후 잘 적응하도록 도우려면 어떻게 해야 할까요?

새로운 구성원을 맞이하는 일은 회사 전체에 큰 영향을 미칩니다. 특히 조직 규모가 작을수록 한 사람의 역할이 조직문화와 분위기에 미치는 영향이 크죠. 이 장에서는 인재를 채용하고 그 인재가 회사에 잘 적응하도록 돕는 방법을 알아보겠습니다.

외부 전문가의 조언 활용하기

만약 새로운 사업 부문에 대한 전문 인력이 필요하다면 해당 분야의 외부 전문가에게 자문을 구하는 것이 좋습니다. 채용 대상자의 이력을 검증할 때는 전 직장에서의 기여와 인간관계, 일하는 방식을 꼼꼼히 확인하세요. 새로운 아이디어가 필요하거나 잘 모르는 분야에서 일할 전문가를 채용할 때는 이 같은 사전 검토가 필수입니다.

실무진과 협력해 구성원을 채용하기

반대로 단순히 업무량이 늘어나 기존 구성원과 유사한 역량의 인재가 필요하다면 채용 과정에 실무진의 의견을 반영하세요. 사장님이 잠시 뒤로 물러나 실무진에게 선택의 권한을 주는 겁니다. 매일 현장에서 일하는 사람들은 어떤 인재가 협업에 가장 적합한지 잘 알고 있기 때문에 사장님이 실무진의 안목을 신뢰하고 지지하는 것이 중요합니다.

한정된 인원으로 매출을 폭발적으로 일으키려면 훌륭한 인재가 필요한 건 분명합니다. 하지만 단순히 인재를 채용하는 것보다 중요한 점은 채용한 인재가 우리 회사와 잘 맞아야 한다는 거죠.

회사에 새로운 사람이 들어오는 건 우리 몸에 장기를 이식하는 일과 같습니다. 기존 신체에서 잘 작동하던 장기라도 새로운 몸에 들어오면 거부될 수 있습니다. 혈류량을 너무 많이 필요로 하거나 다른 장기에 통증이나 이상이 생겨 몸이 망가질 수도 있어요. 새로운 구성원이 들어왔을 때도 마찬가지입니다. 특히 경력직 구성원이 회사에 적응하는 경우 더욱 그래요.

그래서 우리는 채용 시 수습 기간을 둡니다. 수습 기간은 신규 입사자가 회사의 일원으로서 적응하고 역량을 발휘할 수 있는 중요한 시점입니다. 이 기간 동안 새로운 구성원이 향후 정규 직원으로서 적합한지 판단하려면 다음 기준에 따라 평가해보세요.

새로운 구성원의 수습 기간: 회사 적응을 돕는 체크리스트

1. 업무 수행 능력

   수습 기간 동안 새 구성원이 맡은 업무를 얼마나 효과적으로 수행하는지 평가하세요. 프로젝트 마감 기한을 준수했는지, 결과물의 품질이 기대에 부합하는지를 통해 직무 수행 능력을 확인합니다.

2. 기술 및 지식 습득 정도

수습 기간 동안 제공된 교육이나 훈련을 이수하고 이를 실제 업무에 적용했는지 살펴봅니다. 새로운 소프트웨어나 도구를 능숙하게 다루는지, 이를 통해 업무 효율이 향상되었는지를 체크하세요.

3. 성실성과 태도, 일하는 방식

성실한 태도와 적극적인 자세는 업무 수행에 중요한 자질입니다. 출퇴근 시간 준수, 업무에 대한 자세, 동료들과의 협력 등 긍정적인 태도를 유지하고 있는지 확인하세요.

4. 피드백 반영 능력

새 구성원이 받은 피드백을 얼마나 잘 반영하고 개선했는지를 평가하세요. 피드백을 수용하고 발전하는 능력은 신입 구성원의 성장 가능성을 보여줍니다.

5. 목표 달성 여부

수습 기간 동안 설정된 목표를 달성했는지 살펴보세요. 이 기간에 성과를 내는 것은 어렵지만 설정된 목표에 꾸준히 도달하려는 노력과 인내를 통해 장기적인 적합성을 판단할 수 있습니다. 사람에 따라 3~6개월부터 능력에 대한 윤곽이 서서히 나타날 수 있어요.

6. 회사 문화와 적합성

새롭게 입사한 구성원이 새로운 환경을 잘 받아들이도록 지원하고, 회사의 가치관과 문화에 잘 적응하고 있는지 평가합니다. 조직문화에 맞는 행동과 태도를 보이는지, 팀워크에 기여하고 있는지 살펴보는 거죠. 예를 들어, 회사의 핵심 가치에 맞는 행동을 지속적으로 보인다면 조직에 잘 적응하고 있다는 증거가 될 수 있습니다.

위 기준에 따라 명쾌하게 정규 직원으로 전환하는 경우도 있고, 결정하기 어려운 경우도 분명 있을 겁니다. 입사 초기의 스트레스가 극심하다는 점을 고려해보면 보통 수습 기간으로 두는 90일 동안 구성원이 제 역량을 발휘하기 어려울 수도 있습니다. 아무리 뛰어난 인재라도 새로운 회사에서 성과를 내는 데는 시간이 필요해요. 새로운 구성원이 수습 기간 동안 만족스러운 성과를 내지 못했다면 수습 기간을 연장하는 방법도 고려할 수 있습니다.

수습 기간을 연장하기로 결정한 경우, 회사와 구성원 사이에는 명확한 합의와 약속이 필요합니다. 이는 연장 기간 동안의 목표와 기대를 명확히 하고, 향후 갈등을 예방하는 데 도움이 돼요.

우선 해당 구성원의 수습 기간 동안 평가 결과에 따라 수습 기간을 얼마나 연장할 것인지 구체적으로 정하는 것이 중요합니다. 연장 기간을 명확히 설정하면 구성원과 회사 모두 연장된 기간 동안의 목표와 계획을 세울 수 있습니다. 예를 들어 2개월, 3개월, 길게는 6개월의 추가 수습 기간을 설정합니다.

다음으로는 연장을 결정한 이유와 연장 기간 동안 달성해야 하는 구체적인 목표를 명확히 설명합니다. 해당 기간 동안 기대되는 성과를 반드시 서로 명확히 하고, 꼭 정식으로 함께하기를 바라며 응원할 때 구성원은 최선을 다할 겁니다. 이와 함께 연장 기간 동안 특정 기술이나 업무에 대해 추가적인 지원이나 교육이 필요하다면 구성원과 리더가 함께 계획을 세우고, 구성원이 심리적인 안전감을 가지고 해당 영역을 개선하기 위해 집중하도록 지원합니다.

연장 기간, 기대 사항, 지원 계획 등 연장 결정과 관련된 모든 사항은 서면으로 기록합니다. 공식적으로 문서화해두면 향후 혼동이 발생했을 때 양쪽이 참고하는 데 유용합니다.

모든 방법을 시도했는데도 회사가 기대한 바에 구성원이 미치지 못한다면 해고를 결정해야겠죠. 이 과정은 공정해야 하므로 구성원의 성과와 행동을 객관적, 정기적으로 평가해 구성원에게 문제점을 명확히 전달하고, 이 내용을 문서화해 결정을 뒷받침하는 자료로 활용합니다. 해고 결정은 한국의 노동법에 따라 명확한 사유와 적절한 절차를 요구합니다. 노무사나 인사 전문가와 상의하며 근로계약서와 법적 요건을 검토하고, 해고 사유를 구성원에게 명확히 설명해 법적 분쟁을 예방합니다.

해고 과정에서 가장 중요한 것은 인간적인 접근입니다. 구성원에 대한 존중을 바탕으로 접근하고, 당사자의 의견을 듣는 상담 기회를 제공합니다. 이는 신입 구성원이 자신의 상황을 이해하고, 회사와의 갈등을 최소화하는 데 도움이 되죠. 직접 상담하기 어렵다면 외부 상담 전문가와의 면담을 통해 정신적으로 지원하는 것도 아름다운 마무리의 한 면으로 기억될 겁니다.

마지막으로 대체 방안과 재취업 지원을 고려합니다. 해고 이후 구성원에게 다른 직무로 전환하거나 이직할 수 있도록 지원해 새로운 기회를 얻을 수 있도록 돕는 겁니다. 회사 입장에서는 단기간에 채용을 실패했지만 신입 구성원에게는 새로운 직장으로 이직할 결심, 적응 기간 동안의 어려움, 해고에 따른 상실감이 동반될 것이므로 구성원이 원활하게 재취업하도록 지원해 회사의 이미지와 신뢰를 유지하면 좋습니다.

새로운 만남이 언제나 아름다운 인연으로 이어질 수는 없어요. 때로는 상대와 내 뜻이 꼭 맞을 수도, 때로는 그러지 않을 수도 있다는 건 인생이나 사업이나 마찬가지일 겁니다. 우리는 사장으로서 매사에 사람을 존중하고, 공정함을 따르며 최선의 선택을 내리면 됩니다. 그 과정, 과정을 이어나가다 보면 어느새 한 계단 올라서 있을 거예요. 지금 이 순간에도 고독하고 어려운 선택을 내리고 있는 모든 사장님을 응원합니다.

실전 팁

1. 새로운 분야의 전문가 채용 시 외부 조언을 활용하고, 협력형 인재
   는 실무진과 논의하세요.

2. 채용 뒤 수습 기간 동안 성과와 적합성을 꼼꼼히 평가하세요.

회사의 목표와 구성원의 목표가 일치하는가

시스템을 통한 목표 관리법

회사라면 분명한 목표가 있어야 합니다. 수익을 창출하고, 성공하는 거죠. 성공을 정의하는 방식은 여러 가지가 있지만 공통적인 요소는 '명확한 목표의 달성'입니다. 구성원이 올바른 목표를 설정하고, 이를 위해 움직일 수 있도록 돕는 것은 사장으로서 가장 중요한 역할 중 하나입니다.

목표가 모호하면 구성원들은 서로 다른 방향을 향해 힘을 쓰게 됩니다. 반면 목표가 명확하고 일관되면 구성원들이 한 방향으로 모일 수 있죠. 실제로 많은 기업이 '왜 다들 목표를 달성했는데도 회사 전체 성과가 기대에 못 미치는가?'라는 문제에 직면합니다. 이럴 때 사장이 해야 할 일은 단순합니다. 목표의 방향과 우선순위를 명확히 하고, 투명한 구조를 구축하는 거죠.

목표 불일치가 초래한 문제: A사의 사례

A사는 빠르게 성장하는 스타트업입니다. 구성원은 모두 열심히 일했지만 부서 간 소통이 부족하고 목표가 불일치해 성과는 계속 미진했습니다. 서비스 개발과 운영에서 작업이 중복되고 자원이 낭비되는 등 효율성에 문제가 있었죠. 목표가 명확히 설정되지 않다 보니 중요한 프로젝트들이 자꾸 지연되고, 모든 일이 엉킨 실타래처럼 얽히기 시작했습니다.

이 문제를 해결하기 위해 저는 먼저 다음처럼 회사 전체의 목표를 설정하고, 이를 부서와 팀 단위로 세분화해 공유했습니다.

전사 목표   1. 사용자 만족도 30퍼센트 증가
　　　　　　 2. 운영 비용 15퍼센트 절감

부서별 목표 세분화

개발 부서　　프로덕트 로딩 속도 20퍼센트 개선, 기능 오류율 10퍼센트 감소

운영 부서　　고객 요청 대응 시간 20퍼센트 단축, 비효율적인 프로세스 식별 및 개선

마케팅 부서　신규 사용자 유입률 25퍼센트 증가, 주요 고객 인터랙션 데이터 수집 및 분석

그런 다음 모든 구성원이 각 부서의 업무 프로세스를 한눈에 파악할 수 있도록 업무 흐름을 다이어그램으로 시각화해 부서마다 벽에 붙여뒀습니다. 가령 서비스 요청이 접수되면 마케팅, 개발, 운영 부서가 각자 어떻게 작업을 조율해야 하는지 이 다이어그램을 보고 바로 이해할 수 있었죠. 구성원들은 매주 업데이트된 상태를 다이어그램에 색 테이프로 붙여나가면서 회사 업무가 어떻게 돌아가고 있는지 가시화했습니다.

부서별 목표와 진행 상태를 볼 수 있는 대시보드도 만들었어요. 요즘은 이런 작업을 해주는 앱 서비스나 협업 툴도 많죠. 각 팀은 매일 목표 달성 상태를 확인하고, 주간회의에서 업데이트 내용을 공유해 서로 업무 진행 현황을 파악하면서 협업했습니다.

또 서비스 개발과 운영 부서의 중복 업무를 줄이기 위해 사용자 피드백을 수집하고 적용하는 절차를 단일하게 정리하는 등 협업 프로세스를 설정해 자원 낭비를 최소화했어요. 우선순위를 재정립해 불필요한 작업도 줄였습니다.

이 방법들을 적용하자 긍정적인 결과가 나타나기 시작했습니다. 부서 간 협업이 강화되고, 목표가 명확히 공유되면서 조직의 효율성이 눈에 띄게 개선됐죠.

구성원을 원하는 방향으로 이끌려면 무엇보다 소통이 중요합니다. 소통은 단순히 말을 주고받는 행위가 아니라 목표를 설정하고, 목표에 어떤 의미가 있으며, 방향점이 어디이고, 실행하는 데 어떤 어려움이 예상되는지 구성원과 논의하며 동기를 부여하는 일이에요. 회사의 목표를 명확히 정하고 구성원의 목표와 연결하면 구성원들은 자신의 업무가 회사의 목표를 이루는 데 기여할 수 있다고 믿으며 자존감과 자신감을 쌓아나갈 수 있습니다.

구성원의 목표와 회사의 목표를 연결하는 법

목표를 공유하는 것은 단순히 문서를 나누는 일이 아닙니다. 회사의 목표가 구성원에게 어떤 의미를 가지는지, 그리고 이를 통해 구성원에게 어떤 성장 기회를 제공할 수 있는지를 설명하는 것이 중요하죠. 회사 목표와 구성원의 목표가 일치할 때, 구성원은 자신의 업무가 회사의 성공에 직접적으로 기여하고 있다는 자부심을 느낍니다. 이런 과정은 소통을 통해서만 이뤄질 수 있습니다.

제가 컨설팅을 맡았던 또 다른 회사인 B사는 겉으로는 매우 성공했으며 안정적인 조직으로 보였습니다. 하지만 컨설팅을 시작하고 내부를 면밀히 살펴보니 팀 단위에 문제가 있었습니다. 이 회사에서는 연초에 팀장과 팀원이 목표를 단 한 번도 합의한 적 없었습니다. 연중 본부장, 팀장, 구성원이 함께하는 피드백 시간도 없어 목표를 어떻게 이행하고 있는지 점검하지 않고, 본부장이 몇 번 보지도 못한 구성원의 인센티브를 객관적인 근거 없이 정해진

재원에 따라 일방적으로 배분했어요. 회사에서는 절대평가를 하니 누구나 성실히 노력하면 고과를 잘 받을 수 있다고 설명했지만 정작 금전적인 보상은 팀장이 관여하기도 힘든 탑다운, 상대평가 방식으로 이뤄졌고 팀장은 구성원의 보상 수준을 알 수 있는 권한도 없어 허수아비나 다름없었습니다. 이처럼 신뢰, 타당성, 투명함이 부재하는 환경에서는 팀원과 팀장이 평가와 보상에 납득할 수 없습니다.

저는 우선 B사의 팀장과 팀원이 함께 단기적인 목표부터 정해보라고 권했습니다. 팀장이 꿈꾸는 성공과 팀원이 꿈꾸는 성공은 다릅니다. 그리고 성공을 뭐라고 생각하느냐에 따라 목표도 달라집니다. 실수와 후회를 줄이는 가장 좋은 방법은 팀장과 팀원이 함께 '정해진 기간' 안에 '가고자 하는 방향'을 합의하는 겁니다.

목표 설정과 피드백 체계의 부재가 가져온 불신: B사의 사례

제게 컨설팅을 의뢰했던 B사는 외부에서 보기에는 안정적이고 성공적인 조직이었지만 내부에서는 목표 설정과 피드백 체계가 매우 부족했습니다. 팀장과 팀원이 연초에 목표를 논의하거나 연중에 피드백을 주고받는 과정이 없었고, 본부장이 직접 보지 못한 구성원의 인센티브가 객관적인 기준 없이 분배되었습니다. 성과 평가가 절대평가라고 설명했지만 실제 보상은 팀장도 관여하기 어려운 상대평가 방식으로 이뤄지다 보니 구성원들의 불신이 커졌죠.

이 문제를 해결하기 위해 저는 팀장과 팀원이 함께 단기 목표를 설정하고, 이를 주기적으로 점검하는 시스템을 제안했습니다. 팀장의 목표와 팀원의 목표는 태생적으로 달라요. 목표와 우선순위를 협의하면서 구성원들은 회사의 성공에 기여한다는 확신을 가지게 되었고, 신뢰와 협력의 문화가 자리 잡게 되었습니다.

회사에서는 연초마다 한 해의 우선순위와 기간 안에 이뤄야 하는 핵심 결과를 정하는 식의 방향 설정을 반드시 시스템화해야 합니다. 기간별 목표를 확실히 알면 구성원이 스스로 동기를 부여할 수 있어 현재 위치에서 다음 위치로 옮겨가는 데 큰 도움이 됩니다.

등산을 예로 들어볼까요? 여러 사람이 팀을 이뤄 산을 오를 때는 우선 목표 지점(정상)을 합의해야 합니다. 그리고 경로를 몇 단계로 나눠 중간 지점마다 이탈자를 확인하고 보완점을 점검해야 모두 더 빠르게 완등할 수 있습니다. 조직에서 목표를 달성할 때도 마찬가지예요. 목표 지점을 알고 일하면 경로를 이탈할 확률이 적습니다.

FACT 기법을 활용한 목표 달성 시스템

목표를 달성하는 데 꼭 필요한 네 가지 요소가 있습니다. 바로 집중Focus, 정렬Alignment, 도전Challenge, 그리고 추적Tracking입니다. 이를 FACT 기법이라고 부르죠. 앞에서 목표가 불일치해 어려움을 겪었던 A사 예시와 함께 이 기법을 설명해볼게요.

1. 집중

구성원이 무엇에 집중해야 하는지 명확히 하세요. 예를 들어, 한 회사에서 모든 부서가 같은 프로젝트에 집중하면 구성원들은 자신의 역할이 회사에 어떻게 기여하는지 명확히 알 수 있어 일의 속도가 크게 향상됩니다.

A사는 전사 목표인 '고객 만족도 30퍼센트 증가'를 달성하기 위해 앱 로딩 속도가 느리다는 고객들의 가장 큰 불만을 해결하는 데 집중하기로 했습니다. 이에 개발 부서는 앱 로딩 속도를 개선하기 위한 리소스를 우선 할당했고, 마케팅 부서는 로딩 속도를 개선한 뒤 고객 반응을 모니터링하는 데 집중했습니다.

2. 정렬

회사, 부서, 구성원이 모두 목표에 맞춰 일관되게 움직일 때 성과가 극대화됩니다. 가령 마케팅팀과 영업팀이 일치된 목표를 설정하면 두 팀이 유기적으로 협력해 고객을 효과적으로 공략할 수 있습니다.

A사는 전사 목표에 따라 부서별로 세부 목표를 설정하고 이 목표들을 서로 연계했습니다. 개발 부서는 '로딩 속도 20퍼센트 개선', 운영 부서는 '고객 문의 대응 시간 20퍼센트 단축', 마케팅 부서는 '사용자 피드백 80퍼센트 수집 및 분석'으로 목표를 정렬했죠. 각 부서는 설정한 목표가 전사 목표와 정렬되고, 모든 부서가 같은 방향으로 노력하도록 주간회의를 통해 조정했습니다.

3. 도전

구성원에게 적절한 도전 기회를 제공합니다. 심리적 안전망이 마련된 조직에서는 구성원이 실패를 두려워하지 않고, 더 높은 목표에 도전할 수 있어요. 리더는 구성원이 적절한 도전을 통해 성취감을 얻을 수 있도록 격려해야 합니다.

A사는 목표를 달성하기 위해 도전 과제를 부여했습니다. 개발 부서에는 '로딩 시간 1초 이내'를 목표로 설정해 기술적인 개선을 극대화하도록 하고, 마케팅 부서에는 고객 만족도를 개선하기 위한 새로운 채널과 방안을 창의적으로 마련하도록 독려했죠. 이 과제를 완수하기 위해 개발 부서는 새로운 캐시 시스템을 도입했으며, 마케팅 부서는 설문 조사를 통해 즉각적으로 피드백을 수집하는 방식을 도입했습니다.

4. 추적

목표 진척도를 파악하고 필요한 시점에 조정하는 것이 중요합니다. 예를 들어 특정 프로젝트의 중간 진척도를 확인하고, 장애물을 제거하거나 방향을 수정함으로써 목표에 한 걸음 더 다가갈 수 있습니다. 추적은 감시가 아니라 성공을 향한 진척을 돕는 과정입니다.

A사는 목표 달성 현황을 추적하기 위해 매주 진행 보고서와 월간 대시보드를 공유했습니다. 주간회의 때마다 각 부서의

목표 진행률을 점검하고, 월별 대시보드에서 주요 지표 변화를 확인했죠. 이 데이터를 통해 로딩 속도 개선 상황, 고객 문의 응답률 등 각 목표가 얼마나 진행되었는지 추적할 수 있었습니다.

이 네 단계를 통해 각 부서가 명확한 목표 아래 정렬되고, 도전 과제를 해결하며, 진행 상황을 철저히 추적해 회사의 큰 목표를 달성하도록 돕는 목표 관리 시스템을 구축할 수 있습니다.

마지막으로 회사에서 구성원의 목표는 회사가 아니라 자신이 주인이 되어야 합니다. 구성원은 왜 우리 회사에 입사했고, 왜 업무에 매진할까요? 일하다 보면 구성원 입장에서는 내 것도 있고 남의 것도 있어요. 예를 들어 회사의 목표와 매출은 회사의 것이죠. 반면 회사의 목표와 정렬된 내 목표와 업무, 이를 달성해 얻는 인정과 보상 그리고 성장은 구성원의 것입니다. 자기 것에 집중하고 그것이 충실해져 자연스럽게 남의 것이 풍성해지는 것을 느낄 때 구성원은 자기 업무에 동기를 부여받습니다. 구성원이 회사의 목표를 자신의 목표처럼 느끼도록 돕는 일이 우선이에요. 스스로 설정한 목표와 그에 따른 성과 보상을 경험할 때, 구성원의 동기 부여가 극대화됩니다.

사장은 구성원의 목표에 대한 주인 의식을 제대로 이해해야 합니다. 과거에는 목표를 설정하고 실행할 때 자신에게 고통스러운 시간을 즐겁고, 때로는 여유로운 상황으로 바꿔나가는 것을 기준으로 삼았어요. 하지만 새로운 커리어는 더 재미있고 여유로운 직장 생활(Recreation)에만 초점을 맞추는 것이 아니라 변혁과 창조(re:Creation) 면에서 자신에게 의미 있는 직장 생활에 중점을 둡니다. 이에 따라 일과 삶의 관계도 완전히 바뀌고 있고요.

최근 급성장한 스타트업이나 신생 기업의 기발한 복지 제도들이 유행처럼 번지면서 그런 혜택이 없으면 회사가 시대에 뒤처지거나 인재들에게 선호되지 않을까 봐 불안해하는 사장님이 많습니다. 52시간 근무 제도를 지키는 것도 어려운데 금요일 오후 4시 퇴근, 수요일 전원 재택, 3식 제공, 무제한 휴가 제도 등 파격에 파격을 더해 경쟁이라도 하듯 본질을 잃은 채 구성원의 비위를 맞추는 데 다들 혈안이 된 것처럼 보이기도 해요.

하지만 진정한 인재는 특별한 복지 제도나 높은 급여가 아니라 탁월한 경험을 원합니다. 2023~24년 전국경제인연합회가 여론조사기관 모노리서치에 의뢰해 MZ세대 827명을 대상으로 기업(인) 인식을 조사한 결과에 따르면, 요즘 2030 구성원들은 사람 좋은 리더보다 업무 면에서 많은 것을 배울 수 있는, 일 잘하는 리더를 절대적으로 선호한다고 합니다.

명확한 목표점과 달성 기간을 정하고, 목표를 향해 서로 믿고 함께 달려갈 때 리더와 구성원 사이에는 연대감이 생깁니다. 승리를 향해 각자 맡은 역할에 집중하고 최선을 다하도록 리더는 언제나 구성원을 지지하고 격려해야 합니다. 자신을 믿고 특별하게 여기는 리더와 함께일 때 구성원은 '성장'이라는 열매를 얻죠. 이런 프로세스와 시스템을 만들 때 인재는 조직을 떠나지 않습니다. 본질 자체가 가장 큰 차이이며 경쟁력입니다.

실전 팁

1. 먼저 회사의 목표를 분명하게 설정하고, 모든 구성원과 공유해보세요.

2. 구성원이 목표를 향해 집중하고, 정렬하고, 도전하고, 추적할 수 있는 시스템을 만들어보세요.

고객 만족의 65퍼센트는 구성원에 의해 좌우된다

구성원들에게 어떤 경험을 제공하고 있는가

앞서 파트 1에서 살펴본 바와 같이 고객의 요구를 충족시키는 일은 회사의 지속적인 성공에 필수적입니다. 그런데 흥미로운 사실은 고객 만족의 상당 부분이 회사의 제품이나 서비스가 아니라 바로 구성원에 의해 좌우된다는 점입니다. 단순히 제품을 잘 만들거나 서비스를 잘 제공하는 것만으로는 충분하지 않죠. 내부 구성원이 회사에서 얼마나 긍정적인 경험을 하느냐가 고객 경험에 큰 영향을 미치기 때문입니다.

우리나라의 두 배달 플랫폼 사례를 통해 이 점을 알아볼까요?

A사는 한때 배달업계 최고 수준을 자랑하며, 성장과 인수 합병을 통해 빠르게 확장했습니다. 여러 유명 회사에서 임원과 구성원을 영입하고, 높은 연봉을 약속하며 인재들을 끌어들였죠. 하지만

문제는 새로운 임원과 구성원들이 배달 업무의 특성, 라이더들이 겪는 어려움, 수수료 문제에 대해 이해가 부족했다는 점입니다. 현장의 라이더들과 점주들의 고충을 이해하지 못하니 시간이 갈수록 사고가 늘고, 라이더 이탈이 심해졌습니다. 이 틈을 타 신생 배달 플랫폼이 더 낮은 수수료를 제시하며 점주들을 끌어가자 A사는 난항을 겪었습니다.

반면 B사는 라이더 출신의 사장이 운영하는 플랫폼입니다. B사 사장님은 라이더로 일하며 겪은 경험을 바탕으로 서비스를 설계했고, 라이더들이 더 효율적으로 배달할 수 있도록 대기 시간을 줄이고 수수료를 낮춰 고객과 점주의 만족도를 높였습니다.

다른 업체와 가장 큰 차이는 라이더들이 깔끔한 차림새와 밝은 얼굴이었어요. 이런 변화가 일어난 배경에는 사장님의 경험이 있었습니다. 사장님은 라이더로 일하면서 배달 일에 꼭 필요하다고 느낀 점들을 현장에 적용했습니다. 라이더들이 배달 사이 휴식할 수 있는 공간, 만일의 사고에 대비한 최신식 헬멧, 이동하는 동안 음식이 흔들리지 않는 기술이 반영된 배달통, 라이더를 상징하는 멋진 패치 등을 제공했죠. 라이더들은 소중하게 대우받으며 쌓인 긍정적인 감정들을 직업 의식과 자부심으로 키웠고, 진심 어린 서비스로 고객 만족도가 높아지자 이 회사는 거대 공룡 같은 배달대행업체를 넘어서기 시작했습니다.

이처럼 구성원이 긍정적인 경험을 하고 회사의 비전을 이해할 때, 고객을 향한 서비스 질도 향상됩니다. 실제로 메리어트 호텔의 유명한 철학 중 하나는 "팀원을 보살피면 그들이 고객을 보살필 것이다"라는 말입니다. 구성원을 위해 다양하고 깊이 있는 교육 프로그램을 제공해 개인이 발전하도록 돕고, 성과와 성취를 공개적으로 보상하고 유지하니 고객 경험에서도 최상의 성과를 거뒀죠.

어도비 역시 고객과 구성원은 동떨어진 별개의 존재가 아니며, 구성원의 긍정적인 경험으로 고객 경험의 품질을 높일 수 있다고 믿는 기업입니다. 어도비의 모든 구성원은 고객 경험 평가 기준을 숙지하고 자신의 업무가 고객 경험에 어떤 영향을 미치는지 이해하고 있어요. 구성원의 성과급은 고객 경험과 연동되어 있고요. 고객과 직접 연결되어 자기 역할을 이해하고 있기에 구성원은 늘 고객의 필요를 고민하고, 고객 경험에 문제가 있으면 곧바로 해결하기 위해 뛰어듭니다.

제가 몸담았던 GE도 물리적인 공간을 설계하는 데 구성원이 직접 참여해 스스로 생산성을 높이게 했습니다. 또 고객 만족 지수가 낮은 부서를 질책하는 대신 내부 프로세스를 점검해 관료주의를 줄이고 업무 환경을 개선하자 구성원의 생산성이 올랐고, 2년 뒤 고객 만족 지수는 40퍼센트 이상 향상되었습니다.

보통 '고객'이라고 하면 우리의 소비자, 즉 회사 밖에 있는 고객을 떠올립니다. 하지만 외부 고객을 만족시키려면 회사 내부에 있는 가장 가까운 고객, 즉 구성원과 이해관계자들을 만족시켜야 합니다. 이를 전문용어로는 '내부 고객 가치'라고 말하지만 이 책에서는 좀더 이해하기 쉽도록 '구성원 만족'이라고 이야기할게요. 앞서 설명한 고객 만족과 상응하는 표현이죠. 전 IBM 최고인사책임자CHRO 다이앤 거슨Diane Gherson에 따르면 고객 만족이 5점 향상되면 회사 수익이 평균 20퍼센트 증가한다고 합니다. 그리고 고객 만족도의 65퍼센트는 구성원의 태도와 서비스에 좌우되죠. 구성원 참여와 만족이 고객 만족의 상당 부분을 결정하기 때문에 회사가 구성원에게 제공하는 경험은 무엇보다 중요합니다.

고객 만족으로 이어지는 구성원 만족을 실현하려면 회사의 목적과 우선순위를 기반으로 한 내부 원칙이 있어야 합니다. 원칙은 구성원들이 일상 업무에서 합리적인 선택을 내릴 수 있도록 돕죠. 하나의 원칙은 하나 이상의 상황에 적용될 수 있어야 합니다. 다시 말해, 여러 상황에서 한 원칙에 의해 의사를 결정하는 데 도움이 되어야 해요. 예를 들어 넷플릭스의 "성장하면서도 규칙을 최소화하라"라는 원칙에는 구성원들의 탁월함을 믿고 존중하는 회사의 신뢰가 뒷받침되어 있습니다. 구성원들은 회사의 신뢰에 따라 예산을 합리적으로 사용하고 탁월한 성과를 내기 위해 힘쓰고 있죠.

특히 회사에 기여한 점을 즉각적으로 보상하고 인정하는 프로세스가 있다면 구성원들이 성과를 높이고 스스로 동기를 부여하는 데 크게 도움이 됩니다. 아마존은 책임의식과 자율성을 부여하기 위해 맡은 일을 신속하게 결정하고 빠르게 실행해 성과를 거둔 구성원에게 특별한 상을 주고 있어요. 바로 '저스트두잇 어워드'Just Do It Award죠. 제프 베이조스는 상 이름에 걸맞게 상품으로 나이키 운동화를 수여했고, 이 상은 많은 아마존 구성원이 탐내고 자랑스러워하는 구성원 만족의 아이콘이 되었습니다. 많은 저스트두잇 어워드 수상자가 자신이 받은 상을 사무실 눈에 잘 띄는 곳에 진열해두고 자신의 성과에 자부심을 느낀다고 하죠.

아마존에는 구성원 만족을 위한 특별한 상이 하나 더 있습니다. 창의적인 아이디어를 장려하는 '도어데스크 어워드'Door Desk Award예요. 도어데스크는 말 그대로 문짝으로 만든 책상입니다. 아마존에서 문짝 책상은 절약을 상징해요. 아마존 초창기 제프 베이조스가 데스크톱을 놓기 위해 문짝으로 책상을 만든 데서 창안해 '고객에게 더 낮은 가격으로 제품을 제공할 수 있는 훌륭한 아이디어'를 낸 구성원에게 상을 수여하며 부상으로 문짝 책상 미니어처를 주고 있습니다.

금전적으로 보상해야만 젊은 구성원들이 좋아한다고 생각하는 사장님이 많아요. 하지만 오히려 우리가 행하는 일들의 가치와 의미를 전해줄 때 구성원들은 뜻깊은 일에 기여하고 있다고 깨닫고 동기를 부여받게 돼요. 이제 회사에 충성을 바라기는 어려운 시대입니다. 특히 주니어 구성원에게 직장에 소속되어 있다는 것은 자기 존재를 인정받고, 조직과 동료에게 소중하게 대우받으며, 같은 목표를 향해 함께 나아가면서 소속감을 키우는 일입니다. 2022년 GPTW(Great Place to Work) 조사 결과에 따르면 소속감은 출근을 세 배 즐겁게 만들고, 직장을 세 배 재미있게 만들었으며, 공정하게 대우받는다는 믿음을 아홉 배 키웠고, 회사에 오래 머물고 싶은 마음을 다섯 배 높였습니다. 여러분은 구성원이 회사에 강한 소속감을 느끼도록 하기 위해 어떤 노력을 하고 계신가요?

고객은 몰입할 수 있는 뭔가를 끊임없이 원합니다. 그러니 구성원들은 고객이 온전히 집중할 수 있는 환경을 집요하게 만들어 줘야 하겠죠. 구성원이 몰입할수록 결과는 더 좋아집니다. 한 주무관이 운영하는 충주시 유튜브 채널이 화제가 되는 일, 자주 들으셨을 거예요. 1년 예산 61만 원으로 시작된 이 채널은 2024년 11월 기준 구독자를 76만 명 넘게 확보했어요. 결국 중요한 건 몰입의 동기예요. 구성원이 열심히 한 결과가 성과를 내고 영향력을 끼치는 모습을 가시적으로 확인하면 책임감과 사명감이 자연스럽게 강해집니다. 구성원이 업무를 진행하는 데 어떤 어려움이 있는지 살펴보고 문제가 있다면 해결하는 리더의 역할이 매우 중요한 이유죠. 구성원이 고객에게 온전히 집중하도록 하려면 회사 제도를 통해 성과에 대한 인정을 적극적으로 표현하고, 구성원들이 하고 있는 작은 시도도 칭찬해주고, 크고 작은 아이디어가 연결되어 자랑하고 싶은 일터로 만들도록 부단히 노력해야 합니다. 그렇게 구성원의 소속감이 생기고 강화되면 고객 만족으로 연결되기 마련입니다. 내 일이라 여기게 되니까요.

이제 고객을 위해 제품을 팔기에 앞서 구성원에게 경험부터 제공하는 방식으로 접근해보세요. 구성원이 회사에서 자신의 가치를 느끼고, 의미 있는 일을 하고 있다고 확신할 때 그 감정은 고객과의 접점에서 그대로 전달됩니다. 구성원이 출근해 일하면서 사람을 만나고, 대화하고, 피드백을 주고받으며 수정하고, 결과가 나와 인정받는 동안 좋은 감정을 많이 느꼈는지, 나쁜 감정을 많이 느꼈는지 돌아보면 구성원은 자신이 경험한 것을 고객에게 판다고 해도 과언이 아닙니다. 구성원이 어떻게 하면 고객이 근사한 경험을 하게 할지 매일같이 미치도록 생각하게 하려면 사장님은 어떻게 하면 구성원이 긍정적인 경험을 해서 몰입할지 매일같이 미치도록 생각해야 해요. 구성원이 명확한 비전과 목표 아래 자신의 업무를 존중받으며 창의성을 발현할 수 있는 안전한 공간을 마련해

주는 것, 이것이 회사와 사장의 역할입니다. 지금 여러분의 회사는 어떤가요?

실전 팁

1. 구성원의 성과를 즉각적으로 인정하는 작은 상을 마련해보세요. 아마존의 저스트두잇 어워드처럼 공적인 인정을 통해 구성원들이 회사에 기여하고 있다는 자부심을 느끼도록 도울 수 있습니다.

2. 회사의 비전과 목표를 구성원들이 깊이 이해할 수 있도록 명확히 전달하세요. 구성원이 회사의 목표와 자신의 역할을 연결해 이해 할 때, 진정한 고객 만족을 만들어낼 수 있습니다.

어떻게 평가하고
보상할 것인가

공정한 평가의 심리학

회사를 경영하는 데는 많은 요소가 중요하지만 그중에서도 핵심은 원칙과 공정성입니다. 여러 사람이 하나의 목표를 향해 나아가는 조직에서 일관된 원칙은 공정한 환경을 만들고, 구성원에게 신뢰와 안전감을 줍니다. 그리고 성과 평가에서도 공정성은 매우 중요하죠. 그럼 구성원을 공정하게 평가하고 보상하기 위해 어떤 기준과 방식을 적용해야 할까요?

성과 평가에서 가장 중요한 요소는 목표 설정입니다. 목표를 분명히 설정해야 구성원들이 무엇을 위해 노력해야 하는지 알 수 있고, 평가할 때도 공정한 기준을 세울 수 있습니다. 구글은 이를 위해 OKR(Objectives and Key Results)이라는 성과 관리 시스템을 도입했습니다.

OKR은 회사의 큰 목표Objective와 그 목표를 달성하기 위한 핵심 결과Key Results로 나뉩니다. 예를 들어, 출판사 마케팅팀의 구성원인 세라는 OKR을 이렇게 설정할 수 있습니다.

목표 신간 도서 출시 성공적으로 알리기
핵심 결과 1 제품 관련 미디어 커버리지 40개 이상 확보
핵심 결과 2 해당 도서에 대한 소셜미디어 광고 클릭률 지난
          광고 대비 30퍼센트 증가
핵심 결과 3 서평단 30명에서 100명으로 증원 모집

세라는 이 OKR로 자신이 집중해야 할 목표와 그 목표를 달성하기 위한 구체적인 성과 지표를 명확히 할 수 있습니다. 막연한 결괏값이 아니라 현재 수준을 분석해 얼마만큼 개선해나갈지 정하게 되죠. 그런 다음 분기마다 목표를 얼마나 달성했는지 평가하고, 필요하다면 전략을 조정합니다.

이 핵심 결과들은 다음과 같이 측정하고 평가할 수 있습니다.

핵심 결과 1 제품 관련 미디어 커버리지 40개 이상 확보
측정 방법 도서 관련 기사, 인터뷰, 리뷰 등 언론 보도를 수량
          화해 추적합니다. 매주 혹은 매달 미디어 모니터링
          리포트를 작성해 확보된 보도 수를 기록합니다.

평가 방법	목표에 도달했는지 확인하고 보도 품질(예. 상위 미디어 포함 여부), 조회 수 등을 참고해 평가합니다.

핵심 결과 2	해당 도서에 대한 소셜미디어 광고 클릭률 지난 광고 대비 30퍼센트 증가
측정 방법	광고 플랫폼의 분석 도구를 활용해 클릭률을 측정합니다. 이전 도서 광고와 현재 도서 광고의 클릭률을 비교해 증감 비율을 정확히 계산합니다.
평가 방법	클릭률 증가 목표 달성 여부를 평가하고, 타깃 연령대와 관심사별 광고 반응을 추가 분석해 성과의 질적 측면도 평가합니다.

핵심 결과 3	서평단 30명에서 100명으로 증원 모집
측정 방법	서평단 신청 및 선정 데이터베이스를 통해 지원자 수와 실제 참여 서평단의 수를 기록합니다.
평가 방법	목표 수치 달성 여부를 평가하고, 서평단 참여율과 질적인 피드백(예. 서평의 깊이와 소셜미디어 공유 여부) 등으로 프로그램의 성과도 판단합니다.

이때 평가 주체가 팀장이라면 팀장은 각 핵심 결과에 맞춰 실무를 주도하고 일일/주간 성과를 추적하면서 팀원들에게 피드백을 제공

합니다. 세부 성과를 분석해 목표 달성 여부를 판단하고, 개선해야 하는 점을 파악해 방안을 제안합니다.

이 경우 사장은 팀장이 실행하는 성과 평가 과정을 감독하고, 목표 달성 여부를 최종 평가합니다. 팀장이 필요로 하는 자원이나 지원을 제공하면서 큰 방향성을 제시하고, 주요 결정이 필요할 때 조언을 제공합니다.

OKR을 활용하면 조직 전체의 목표와 팀/개인의 목표를 연계해 설정하고, 달성 정도로 과업을 평가할 수 있어요. 이 시스템은 목표와 결과를 분명히 정의하고, 주기적으로 평가하고 조정해 성과를 지속적으로 개선하는 데 유용합니다.

최근 구글은 OKR를 보완해 GROW라는 시스템을 도입했습니다. 기존 OKR이 목표 설정과 성과 평가의 단계로만 이뤄졌다면 GROW는 목표 설정GoalSetting 다음에 성찰Reflection, 기회 탐색Opportunity, 실행Work이 더해진 시스템이죠. 목표 설정에 따른 핵심 결과를 성공적으로 얻으려면 주기적으로 '대화'를 나누고, '피드백'을 주고받으며, '인정'해줘야 한다는 현장의 필요가 더해진 개념인데요, GROW의 요소는 다음과 같습니다.

목표 설정	OKR을 통해 구체적이고 도전적인 목표를 설정합니다.
성찰	정기적인 대화, 피드백, 인정을 통해 목표 달성 과

	정을 점검하고 성찰합니다.
기회 탐색	성과 평가 결과를 바탕으로 성장 기회를 찾고, 새
	로운 목표를 설정합니다.
실행	설정된 목표를 달성하기 위해 실질적인 업무를 수
	행하며, 이를 통해 성과를 창출합니다.

이 시스템을 통해 구글은 목표를 설정하고 성과를 공정하게 평가하면서 구성원들의 성장과 발전을 지속적으로 지원하고 있습니다.

아마존의 360도 피드백 시스템

아마존은 고객 중심 문화를 강화하기 위해 리더십 원칙과 360도 피드백을 기반으로 성과 평가를 운영합니다. 리더십 원칙은 고객 중심, 주인 의식, 혁신, 높은 기준 등을 포함해, 구성원이 따라야 할 16가지 행동 지침으로 구성되어 있습니다.

또한 360도 피드백 시스템은 구성원의 상사, 동료, 부하 직원 등 다양한 사람으로부터 피드백을 받아 성과를 다각도로 평가합니다. 이를 통해 구성원들이 리더십 원칙에 부합하는지 평가하게 돼요.

예를 들어, 아마존의 프로젝트 매니저 존은 성과 평가 시 '고객 중심' 원칙에 얼마나 충실했는지에 대해 다양한 피드백을 받았습니다. 존의 상사는 그가 프로젝트 초기 단계에서 고객 피드백을 잘 반영하고 요구 사항을 파악하기 위해 노력했다고 평가했고, 부하 직원들은 고객 만족도를 높이기 위해 팀을 이끌며 문제 해결을 도운 노력을 긍정적으로 봤습니다. 이런 피드백을 바탕으로 존은 자신의 강점과 개선할 점을 이해하게 됐죠.

다양한 성과 평가 기준 활용

성과를 공정하게 평가하려면 목표 달성 정도를 파악할 뿐 아니라 다양한 측면을 두루 살펴봐야 합니다. 아래와 같은 기준을 활용해 성과를 종합적으로 평가해보세요.

1. 행동과 태도
   팀워크와 리더십, 소통 능력 등도 평가 요소로 반영하면 좋습니다.

2. 개인 발전
   구성원이 개인적으로 성장하고 발전한 정도를 고려합니다.

3. 고객 만족도

구성원이 고객의 만족도를 얼마나 높였는지도 중요한 평가 기준이 될 수 있습니다.

만약 이런 평가 체계를 구축하기 어려운 상황이라면 외부 컨설턴트를 고용해 성과 평가 체계를 설계해보거나 유명 기업 사례를 참고해 우리 회사에 맞는 시스템을 개발하는 것도 좋은 방법입니다.

마지막으로 제가 생각하는 가장 이상적인 성과 평가 방법은 구성원 참여입니다. 전문가가 없어도 구성원들이 곧 내부의 고객이기 때문에 구성원들과 함께 의논하고 의견을 수렴해 우리 회사에 알맞은 평가 체계를 만들고 발전시켜봐도 좋습니다.

공정하고 투명한 보상 체계의 중요성

성과를 평가한 뒤에는 알맞은 보상이 뒤따라야 합니다. 훌륭한 성과를 낸 구성원을 우선 공개적으로 칭찬하고 감사를 표하는 것이 첫걸음이 될 수 있어요. 구성원의 노력을 공개적으로 인정하면 자존감을 높이고 자신감을 키워 다음 목표에 대해 동기를 부여할 수 있습니다. 보상 체계를 만들 때는 구성원들과의 대화가 중요합니다. 구성원이 진정으로 원하는 보상이 무엇인지, 개인의 욕구를 반영할 수 있는 보상은 무엇인지를 파악하고, 이를 반영한 공정한 보상 체계를 구축해보세요. 단순히 재정적으로 보상하는 것이 아니라 개인의 성장을 촉진하고 직원의 가치를 인정하는 방식으로요.

성과 평가와 보상에서 공정함을 유지하기 위해 다음 과정을 참고해보세요.

1. 평가 기준의 명확화

   성과 평가와 보상에 대한 기준을 명확히 정해 모든 구성원이 이해할 수 있도록 합니다.

2. 목표 설정과 피드백

   성과와 보상 체계를 주기적으로 피드백하고 관리해 구성원이 자신의 위치와 발전 방향을 알 수 있게 합니다.

3. 보상 투명성 유지

   보상 체계를 투명하게 공유해 구성원이 공정하다고 느낄 수 있도록 합니다.

4. 개인별 접근

구성원의 성과를 개인별로 평가하고, 맞춤형 보상을 제공해 만족도를 높입니다. '평균 이상 효과'라는 심리 탓에 구성원은 10명 중 6~7명, 임원은 10명 중 9명이 스스로 고성과자라 여깁니다. 그래서 개인별로 피드백하고 보상을 결정하는데 노력을 아끼지 말아야 하죠.

5. 개선 가능성 강조

구성원이 성과를 개선할 수 있는 방법을 제시해 성장을 돕고, 성과에 따른 보상이 공정하게 이뤄지도록 합니다.

효율적인 성과 평가 체계를 마련하는 일은 곧 긍정적인 업무 환경을 조성하는 일이나 마찬가지예요. 구성원은 공정하고 투명한 환경에서 업무에 몰입하고 만족할 수 있기 때문이죠. 정기적인 피드백과 인정을 통해 업무를 잘 수행하고 있다고 구성원들에게 알리고, 승진과 성과급 등 공정하고 경쟁력 있는 보상과 혜택을 주어 구성원의 노력과 기여를 인정하며 오랫동안 함께하게 하는 이점을 만들어보세요. 교육이나 훈련을 제공해 역량을 향상시키고 스스로 성장하고 발전하고 있다고 느끼게 해주세요.

공정하고 투명한 성과 평가와 보상 체계는 구성원들에게 '이 회사는 내 노력을 인정해주는 곳'이라는 확신을 심어주며, 회사와 함께 성장하고자 하는 마음을 강화해줍니다. 회사에 이 체계를 쌓아올리는 것이 사장님의 역할입니다.

실전 팁

공정한 평가와 보상으로 조직에 활력을 불어넣기

1. 우리 회사만의 평가 기준을 만들어보세요. OKR이나 360도 피드백 시스템을 참고해 구성원들이 공감할 수 있는 평가 체계를 마련하면 성과가 눈에 띄게 달라질 겁니다.

2. 성과를 인정하고 보상하세요. 재정적 보상뿐 아니라 구성원이 의미를 느끼고, 자부심을 느낄 수 있는 방식으로 보상하는 것도 좋습니다. 공개적인 칭찬과 감사는 구성원의 자존감과 동기를 키우는 가장 기본적인 방법이죠.

일 못하는 구성원을 관리하려면

BOFF 대화법

채용한 구성원이 회사에서 잘 적응하고 자신의 역량을 발휘하는 건 모든 사장의 바람일 겁니다. 그러나 현실은 그렇지 않은 경우도 많죠. 성과가 더딘 구성원을 어떻게 관리해야 하는지에 대해 많은 사장님이 궁금해하지만 고민의 방향이 '어떻게 하면 나아지게 할까'보다 '어떻게 하면 정리할 수 있을까'로 기울어진 경우가 많습니다. 구성원에게 불만족을 느낀 채 시간만 흘러가게 두면 사장도 구성원도 손해를 입게 되죠. 이런 구성원을 공정하게 관리하려면 어떻게 해야 할까요?

성과가 낮은 구성원을 판단하는 기준은 크게 세 가지입니다.

1. 업무에 대한 노력과 준비

   고성과자는 목표를 달성하기 위해 다방면으로 노력하지만 저성과자는 최소한의 노력으로 결과를 얻으려 하고, 현재 성과에 쉽게 만족합니다.

2. 목표 설정과 자기 관리

   고성과자는 자신만의 목표를 설정하고 꾸준히 달성해나가며 발전을 도모합니다. 반면 저성과자는 단기적인 목표에만 몰두할 뿐 장기적인 비전을 세우지 않습니다.

3. 피드백 수용력

   고성과자는 정기적으로 피드백을 요청하고, 이를 바탕으로 업무 방식을 개선합니다. 반면 저성과자는 피드백을 주의 깊게 듣지 않으며, 이를 업무에 반영하는 경우가 적습니다.

저성과자는 겉으로 쉽게 드러나는 저성과자와 조용한 저성과자, 크게 두 부류로 나눌 수 있습니다. 먼저 첫 번째 부류는 주변에서 행동으로 쉽게 알아볼 수 있습니다. 업무 마감 기한을 무시하거나 리더의 피드백에 따르지 않고, 조직 규범을 무시하며, 미팅에 수시로 늦거나 동료들에게 무례하게 구는 것이 대표적인 예죠. 반면 두 번째 부류는 언뜻 봐서는 저성과자라는 사실을 발견하기 어렵고,

본인이 저성과자라는 점을 인지하지 못하는 경우가 많습니다. 이들은 조직에서 사용하는 업무 도구를 사용하는 역량이나 업무 스킬이 부족하고, 리더가 기대하는 바를 잘 이해하지 못하거나 업무 처리 과정이 도전적이지 않습니다.

성과가 더딘 구성원에게 동기 부여하는 방법

구성원의 성과가 저조한 원인을 파악했다면 이제 성장하도록 도울 차례입니다. 업무에 필요한 기술이 부족하다면 그 기술을 향상하는 방법을 제시하고, 기술이 뛰어나지만 적합하지 않은 업무를 맡고 있다면 더 적합한 업무를 제안해야 합니다. 또 동기 부여가 부족해 열정이 낮은 상태라면 명확한 목표를 함께 설정하거나 일을 방해하는 장애물을 치워줘야 하죠.

　성과가 더딘 구성원을 관리할 때 가장 중요한 점 가운데 하나는 본인에게 저성과자라는 꼬리표가 붙었다는 사실을 알고 있느냐입니다. 패배의식이 있거나 자신이 인정받지 못한다는 점을 안다면 잠재력을 발휘하기가 더 어렵기 때문이죠. 그래서 저성과자를 관리할 때 가장 중요한 것은 자신에 대한 믿음을 잃지 않도록 하는 겁니다. 특히 성과가 저조할수록 업무에 대한 이해도가 리더와 다를 수 있으므로 구체적이고 측정 가능한 기준을 제시하고,

짧은 기간 동안 여러 번 피드백해 작은 성공을 경험하게 해야 합니다.

저도 저성과자를 관리한 경험이 있습니다. 처음에는 구성원과 리더인 제가 기대하는 바의 간극이 너무 크고, 결과가 항상 좋지 않았어요. 그래서 매일 일과 전후로 업무 내용을 검토하고 작은 성공들을 진심으로 축하해주면서 '우리가 원하는 답'을 구성원이 스스로 깨닫고 이뤄내도록 독려했습니다. 대부분 리더는 고성과자, 일 잘하는 사람, 말이 잘 통하는 구성원과 시간을 더 많이 보냅니다. 그러니 성과가 낮은 구성원일수록 더 어찌할 바를 모르고 이러지도 저러지도 못하는 경우가 많아요. 이런 구성원을 대할 때일수록 감정을 배제하고 업무 중심으로 객관적으로 대화하며, 짧은 기간 동안 작은 성공을 여러 번 이루도록 돕는 것이 중요합니다.

회사를 이끌다 보면 가장 어렵고도 중요한 일이 구성원들에게 피드백을 솔직히 전하는 겁니다. 로버트 프랭크의 『승자독식사회』에 따르면 구성원들에게 솔직히 피드백하지 않을 경우 구성원과 리더 사이에는 인식 차이가 생깁니다. 구성원들에게 명확하게 피드백하는 것은 리더의 몫입니다. 성과에 대해 아프지만 분명히 이야기해야 구성원이 현재 자신의 위치와 앞으로 나아갈 방향을 알 수 있어요.

솔직한 피드백의 중요성

사장은 상황마다 항상 명확하고 솔직하게 의견을 제시해야 합니다. 구성원의 행동에 대해서는 먼저 사실을 바탕으로 행동에 따르는 결과, 그 행동으로 인해 생길 수 있는 파장을 설명해 올바른 방향을 찾아가도록 이끌어야 해요. 사장은 구성원보다 위계가 높기 때문에 사장이 구성원의 개선점을 이야기할 때는 자칫 잘못을 지적하는 것처럼 들려 대화를 불편하게 만들 수 있어요. 그래서 화법을 전환해 상대방 입장에서 풀어나가는 것이 좋습니다. 부정적인 메시지를 전할 때는 불편한 분위기가 만들어지기 쉬우니 전반적으로 감정을 배제하고 사실 중심으로 이야기해야 불필요한 감정 소모를 줄일 수 있죠. 저성과자 대부분이 자신의 문제를 제대로 인식하지 못하기 때문에 많이 질문하면서 구성원이 어떤 상황에 있는지 확인하는 것이 대화의 시작입니다.

성과가 좋지 않은 구성원과 대화하는 방법 한 가지를 소개할게요. 일명 'BOFF 대화'라는 방법인데요, 저성과자와 소통할 때 이 대화법을 활용해보세요. BOFF 대화는 다음 네 가지 단계로 이뤄집니다.

성과가 낮은 구성원과의 대화법: BOFF 대화법

1. Behavior(행동)

   구성원이 보인 특정 행동을 사실적으로 설명합니다.

2. Outcome(결과)

   그 행동이 초래한 결과를 구체적으로 이야기합니다.

3. Feeling(감정)

   구성원의 행동이 팀이나 본인에게 어떤 감정을 불러일으켰는
   지 설명합니다.

4. Future(미래)

   앞으로 어떻게 행동해야 할지, 어떤 변화가 필요할지 논의하
   고 구성원이 스스로 다짐하도록 유도합니다.

정 사장 김 과장님이 이번 분기 성과를 A, B, C, D 중에서 스
        스로 평가해본다면 몇 점이라고 생각하세요? (현재
        수준을 스스로 생각해보는 단계)

김 과장 저는 B라고 생각합니다.

정 사장 왜 B라고 생각하나요?

김 과장   지시하신 프로젝트도 기한 안에 마쳤고, 말씀하신 다른 일도 모두 잘 끝냈습니다.

정 사장   E 프로젝트는 아직 완료되지 않았던데, 어떻게 진행되고 있나요?

김 과장   아… 시간이 부족해서 아직 못 했습니다.

정 사장   많이 바빴나 보네요. 그런데 E 프로젝트는 기한 안에 마치기로 약속했던 거 기억하시죠? (행동)

김 과장   네, 기억합니다. 죄송합니다.

정 사장   중간 상황을 전혀 알려주지 않고 이렇게 약속이 자꾸 미뤄지면 결국 다른 동료들이 급하게 업무를 처리하게 되고, 저도 밤을 새야 하는 일이 생깁니다. 실수도 잦아지고요. (행동에 따른 결과) 이런 일이 반복되다 보니 과장님이 약속을 중요하게 생각하지 않는 건 아닐까 실망하기도 했어요. (결과에 따른 감정) 제가 이렇게 실망하지 않으려면 과장님이 어떻게 변해야 좋을까요? (앞으로의 변화 약속) 과장님이 다짐을 지키고 유지하기 위해서 제가 어떻게 도와드리면 좋을까요? (미래)

BOFF 대화에 감정은 필요 없습니다. 구성원에 대한 편견 없이 열린 마음으로 의견을 듣고, 명확하게 피드백하고, 필요한 정보와 해결책을 제공하며, 작은 성공에도 인정과 보상을 아끼지 않는다면 구성원은 리더의 진심을 느끼고 좀더 적극적이고 의욕 넘치는 구성원으로 거듭날 겁니다. 특히 민감한 주제를 다룰 때일수록 존댓말을 사용해야 하고, 반말은 금물입니다. 훈수를 두거나 내 말이 모두 맞는다는 식으로 이야기해서도 안 되고요. 상대를 억누르는 것이 아니라 우리 사이에 놓인 문제를 어떻게 하면 함께 잘 풀어갈지 고민할 때 구성원은 리더를 자신의 변화와 성장을 돕는 고마운 존재로 받아들일 거예요. 구성원이 발전할 수 있도록 코치하면서 충분히 시간을 주고 묵묵히 기다려준다면 구성원은 반드시 당신의 노력에 부응할 겁니다.

실전 팁

1. BOFF 대화법을 사용해 대화 내용을 준비하세요. 업무를 중심으로 명확하고 솔직하게 자주 대화하면서 성과가 저조한 구성원을 이끌어보세요.

2. 작은 성공을 통해 자신감을 키워주세요. 짧은 기간 동안 작은 성과를 인정하며, 점진적으로 더 큰 목표를 향해 나아가도록 격려하세요.

Part 3

사장은
커뮤니케이션을
배워야 한다

왜 회사 안에서 서로 소통이 안 되는 걸까?

조직의 8할은 소통이다

사장이 회사를 운영하면서 가장 중요한 일 중 하나는 바로 '소통' 입니다.

소통은 단순히 정보를 전달하는 일이 아니라 사람과 사람을 연결하고 관계를 구축하는 강력한 도구예요. 우리는 말로 생각과 감정을 표현하고, 그 말 한마디는 상대방의 마음에 깊이 영향을 미치기도 합니다. 그렇기에 사장이 회사와 구성원들을 이끌 때 소통은 무엇보다 중요한 요소입니다.

회사에는 각기 다른 가치관과 사고방식을 지닌 사람들이 모입니다. 이들이 하나의 목표를 향해 함께 나아가기 위해서는 소통이 필수입니다. 소통이 부족하면 오해가 쌓이고, 팀워크가 깨져 회사전체에 업무 효율 저하, 갈등 증가, 책임 회피, 문제 해결 지연과 같이 부정적인 영향을 미칠 수 있어요. 문제는 소통의 중요성을 인지하는 것과 실제로 잘하는 건 다르다는 점이죠. 실천하기는 말처럼 쉽지 않아요. 사람의 생각과 감정은 정량화할 수도 없고, 간단한 공식으로 해결되지 않기에 우리가 관심과 노력을 기울이는 만큼 결과가 극적으로 나타나기도 해요.

한 회사의 사례를 살펴보면서 소통 이야기를 이어가볼게요. 이 회사는 규모도 크고 매출도 안정적이었지만 20~30대 젊은 구성원들이 자주 이탈하는 문제가 있었습니다. 초기에는 일부 구성원의 문제라 여기고 새로운 사람이 들어오면 나아질 거라 기대하기도 했습니다. 하지만 상황은 달라지지 않았습니다. 신규 채용해 시간과 비용을 들여 성심껏 육성하면 구성원들은 입사 1년을 넘기지 못하고 회사를 떠나며, 세대 간 소통이 부족해 답답하다고 호소했습니다.

보다 못한 사장님이 나서서 소통이 문제라면 인위적으로라도 소통할 수밖에 없는 환경을 만들기로 했습니다. 사장님은 소통의 장으로 '주니어 보드'와 '시니어 보드'를 마련해 세대 간 소통의 장을 만들었지만 효과는 미미했습니다. 기존에 잘 지내던 사람들은 여전히 잘 지냈지만 세대 간 간극을 메우는 데는 한계가 있었죠.

문제의 핵심은 통합 방식에 있었습니다. A 그룹과 B 그룹이 각자의 차이 탓에 어울리지 못한다면 같은 그룹끼리 두는 것이 아니라 서로 다른 그룹을 하나로 묶어 함께 해결책을 모색하는 자리가 필요했습니다. 머리를 맞대고 궁리하는 과정에서 상대와 나의 차이점을 자연스럽게 받아들이고, 팀워크를 만들게 되죠. 회사에서 인간관계 문제가 생기면 대부분 사람에게 집중해요. 하지만 해결책은 사람들 간의 차이를 줄이기보다는 문제를 중심으로 찾아가야 합니다. 특히 '주니어'와 '시니어'라는 그룹 명칭은 오히려 구성원들이 상대와의 차이를 더욱 뚜렷이 인식하게 만들었을 뿐, 서로 통합하는 데는 도움이 되지 않았습니다. 사장님은 이 점을 간과하고 있었어요.

또 다른 예로 회사 워크숍을 생각해볼까요? 특정 프로그램이 없으면 같은 연령대끼리만 모여 대화를 나누기 쉽습니다. 20~30대는 모여서 수다를 떨거나 게임을 하고, 40~50대는 마음 맞는 동료들과 술잔을 기울이며 회포를 풀거나 휴대전화만 들여다보는 경우가 많죠. 이럴 경우 세대 간 교류는 자연스럽게 줄어들고, 소통의 기회도 없어지게 돼요. 회사의 문제를 파악하고 해결책을 논의하는 장인 만큼 워크숍에는 다양한 세대가 함께 소통할 수 있는 프로그램을 마련하는 것이 중요합니다. 이런 프로그램을 활용하면 서로 이해를 높이고 세대 간 소통을 활성화할 수 있습니다. 세대 간 소통을 촉진할 수 있는 프로그램을 몇 가지 소개할게요.

1. 세대별 경험 공유 세션
각 세대가 경험한 회사와 업무에 대해 인사이트를 나누는 자리입니다. 예를 들어 20대는 최신 트렌드와 기술 활용법을, 40~50대는 직장에서의 경험을 이야기하면서 상대의 시각을 이해하는 기회를 가져봅니다.

방법 '속마음 토크' 형식으로, 세대별로 팀을 나눠 주제를 하나씩 발표하면서 경험을 공유합니다.

효과 세대마다 다른 업무 방식과 가치관을 이해하고 배울 수 있습니다.

2. 세대 퀴즈 대결

세대별로 서로 알아가는 퀴즈 형식의 게임입니다. 20대와 50대가 팀을 이뤄 상대의 세대에 대한 퀴즈를 풀면서 자연스럽게 친밀감을 쌓습니다.

방법 20~30대, 40~50대가 팀을 섞어 퀴즈 대결을 펼치는 방식으로, 팀별로 점수를 매겨 승자를 선정합니다.

효과 상대의 관심사와 경험을 배워가며 유대감을 형성할 수 있습니다.

3. 소그룹 프로젝트 챌린지

다양한 세대로 구성된 소그룹이 특정 문제를 해결하는 프로젝트를 진행합니다. 각 그룹은 문제에 대한 해결책을 마련해 발표하면서 자연스럽게 각 세대의 아이디어를 반영할 수 있습니다.

방법 두세 세대가 섞인 소그룹이 약 두세 시간 동안 미니 프
로젝트를 진행하며 발표합니다.

효과 팀워크를 높이고, 다양한 세대별 아이디어와 접근 방식
을 조화롭게 활용할 수 있습니다.

4. 리버스멘토링 프로그램

세대 간 멘토링으로 각자의 강점을 상대에게 가르치는 형식
입니다. 예를 들어 20~30대는 디지털 기술을, 40~50대는
리더십이나 경력 관리에 대해 멘토링합니다.

방법 일대일 매칭 또는 그룹 멘토링 형식으로 진행하며 각
자 필요한 역량을 교류합니다.

효과 세대 간 지식과 경험을 공유하며 신뢰 관계를 쌓고 새
로운 내용을 배울 수 있습니다.

소통 부족은 사소해 보일지 몰라도 결과적으로 회사의 모든 면에
영향을 미칩니다. 종종 구성원들은 '내 일만 잘하면 되지'라고 생
각하기도 하지만 회사는 다양한 업무가 유기적으로 연결된 조직입
니다. 사장은 구성원들이 큰 그림 속에서 자신의 역할을 이해하고,
회사 목표와 개인의 목표가 어떻게 맞물리는지 명확히 설명해줘야
해요. 중간 관리자는 자신의 어려움을 솔직하게 공유하고, 팀원들

에게 감사를 표현하며 협력을 이끌어내는 역할을 해야 하죠.

결론적으로 사장이 성공적으로 경영하기 위해 가장 중요한 무기는 소통입니다. 소통을 통해 서로 이해하고, 협력하며, 함께 목표를 향해 나아가는 것. 이것이 진정한 경영의 핵심입니다. 회사의 모든 구성원이 소통으로 연결될 때 조직은 비로소 강력한 힘을 발휘하게 됩니다. 이어지는 장에서 소통의 다양한 측면들을 차례차례 살펴볼게요. 조직문화를 개선하고자 한다면 사장인 나의 소통 방식을 점검하고, 더 나은 방향을 설정하는 것이 최우선이겠죠?

실전 팁

효과적으로 소통하기 위한 세 가지 방법

1. 정기적인 회의에서 서로 의견을 주고받는 기회를 만드세요.

2. 목표를 명확히 설정해 팀원들이 자신의 역할과 기대치를 이해하게 하세요.

3. 작은 성과에도 칭찬과 피드백을 아끼지 말고 표현해주세요.

회의는
그 회사의 얼굴 문화
회의의 규칙

회사는 구성원 간의 소통을 통해 성장합니다. 이 소통의 중심에 있는 것이 바로 회의 문화예요. 회의는 회사의 소통 방식을 가장 잘 보여주는 얼굴이자, 그 회사의 조직문화를 그대로 드러냅니다. 저는 컨설팅할 때 회사의 조직문화를 파악하기 위해 종종 회의를 녹음해달라고 요청하는데요, 회의 내용을 들으면 그 회사의 리더십과 철학, 조직 분위기, 투명성까지도 감지할 수 있습니다. 그러니 회의는 단순한 업무 절차가 아니라 회사의 중요한 비즈니스 전략이자 문화의 핵심이기도 합니다. 그럼 어떻게 하면 회의를 생산적이고 효율적으로 운영할 수 있을지 알아볼까요?

최근 마이크로소프트의 연구에 따르면, 2019년부터 2022년까지 대부분 회사의 회의 시간이 무려 세 배나 늘었습니다. 코로나

19라는 특수한 상황 속에서 비대면 환경과 잦은 소통의 필요성 때문에 회의가 많아진 건데요, 회의 시간이 늘면서 많은 사람이 회의 도중 딴생각을 하거나 다른 업무를 하게 되었다고 합니다. 이런 경향은 시간과 비용 낭비로 이어졌습니다. 5,000명 규모의 회사라면 연간 1억 달러, 500명 규모 회사는 1,000만 달러, 100명 규모 회사는 200만 달러 이상이 불필요한 회의에 쓰이고 있어요.

불필요한 회의가 계속해서 늘어난다면 회사 운영에 큰 문제가 됩니다. 이런 문제의 심각성을 깨닫고 과감하게 결단내리는 회사도 늘고 있어요. 한 예로, 캐나다에서 가장 일하기 좋은 회사 쇼피파이Shopify는 '일정 삭제'calendar purge 정책을 도입했습니다. 이 정책에 따라 세 명 이상이 참석하는 반복 회의와 수요일 회의를 없앴죠. 그 결과 한 달 동안 무려 회의 32만 건이 사라졌고, 이를 통해 절감한 비용을 새로운 인재를 채용하는 데 사용할 수 있었습니다. 이처럼 회의가 효율적으로 운영되면 구성원들이 본업에 더 집중할 수 있어 생산성도 자연스럽게 높아집니다.

효율적인 회의를 위해 가장 먼저 바뀌어야 할 점은 사장님 자신입니다. 제가 본 많은 회사의 회의는 사장님 혼자서 이야기하는 시간으로 채워지는 경우가 많았어요. 발언하지 않는다면 회의에 왜 참석해야 할까요? 사장님 혼자만 말하는 회의라면 그걸 회의라고 할 수 있을까요? 그런 회의는 사장님이 모든 업무를 챙기는 듯한 인상을 주기 때문에 구성원들이 적극적으로 의견을 내거나 문제 해결을 위해 창의적인 아이디어를 제안하는 분위기가 만들어지기 어렵습니다. 보고가 필요한 때를 제외하고는 사장님이 아닌 구성원들이 주도적으로 아이디어를 내고 해결책을 찾아가도록 하는 것이 중요합니다. 사장님이라고 해서 구성원들이 무슨 일을 하는지 모두 알아야 할 필요는 없어요. 다만 전사 차원에서 약속한 사안이 잘 진행되고 있는지 확인, 점검하는 대시보드는 필요하겠죠. 그 내용에 문제가 있을 경우 해결방안을 논의하는 회의는 당연히 필요하지만 사장님 혼자서 대부분 시간을 이야기하는 회의는 업무를 수행하는 주체가 구성원이 아니라 사장님이라고 이야기하는 셈입니다.

효율적인 회의를 위한 설계와 방식

회의의 목적과 흐름을 잘 설계하는 것도 중요합니다. 각 회의에서 다룰 내용을 명확히 정하고, 각기 다른 회의의 목표에 맞게 운영 방식을 정리하세요. 예를 들어 주간회의는 업무 진행 상황을 점검하고, 월간회의는 유관 부서와 정보를 공유하며, 분기별 회의에서는 목표 달성을 위해 필요한 조정을 논의하는 식입니다. 이런 구조를 통해 매번 회의의 목적이 명확해지고, 참가자들은 자신이 기여해야 할 부분을 더 잘 이해하게 됩니다.

또한 스탠드업 미팅이나 색다른 방식의 회의도 시도해볼 만합니다. 마크 저커버그와 X(구 트위터) CEO들도 종종 산책하면서 회의하는 것으로 유명합니다. 자유로운 분위기에서 의견을 나누면 좀 더 창의적인 아이디어가 나올 가능성이 높습니다. 한 예로 IBM은 협력자와 학계 전문가들을 초대해 72시간 동안 온라인 토론을 진행하는 '해커톤'을 개최하는데, 여기서 나온 아이디어들은 실제 사업으로 이어지기도 합니다.

제게 가장 인상 깊은 회의는 GE의 워크아웃 제도를 실행한 회의였어요. 목표를 공유하고 논의할 뿐 실행하지는 않는 관료주의를 타파하기 위해 도입한 제도로, 리더는 주제를 제시하고 워크아웃 동안 회의실을 떠나 있도록 했습니다. 그러면 구성원들은 회의 진행자 도움을 받아 리더가 없는 자리에서 논의를 진행했죠. 논의가 끝나고 리더가 돌아오면 새로운 해결 방안을 누가 제안했는지 알리지 않은 채로 제안을 수락할지 기각할지 유보할지 바로 결정 내리고요.

이번에는 좋지 않은 회의 문화로 오랜 기간 진통한 아마존의 사례를 살펴볼게요. 아마존은 고객의 문제를 최우선으로 해결하기 위해 18년 동안 고수해온 회의 문화를 바꾸기로 했습니다. 기존에 아마존은 프레젠테이션 자료에 의존하고 시각적인 요소에 치중해 회의를 진행하는 바람에 핵심 내용을 제대로 전달하지 못했고, 참석자들은 집중력을 잃고 수동적인 태도로 일관했습니다. 디자인과 형식에 집중해 자료를 준비하느라 회의를 준비하는 데도 시간이 상당히 소요됐죠.

이 문제를 해결하기 위한 방편으로 아마존은 고객의 목소리를 대변하는 상징적인 장치를 마련했습니다. 바로 회의실에 빨간 의자를 배치한 거죠. 빨간 의자를 볼 때마다 참석자들은 그 자리에 고객이 앉아 있다고 생각하고 고객 입장에서 생각하고 결정하도록 노력했습니다. 발제자는 회의 안건을 명시하고, 그 문제가 지속되면 어떤 상황이 벌어질지, 그 문제를 해결하기 위해 무엇을 노력했는지 자세히 알렸어요. 이런 회의 방식에서 고객 중심의 기업 문화를 강조하는 아마존의 철학이 잘 드러납니다. 이와 더불어 아마존은 직급에 차등 없이 모든 참석자가 미리 주어진 여섯 쪽 이하의 자료를 읽고 회의를 시작하게 하는 방식도 도입했습니다. 이 방식은 프레젠테이션에 드는 시간과 수고를 줄이고, 참여자들이 동일한 정보를 바탕으로 문제를 해결하도록 도왔어요.

회의에는 명확한 목표와 구조가 있어야 합니다. 회의에 꼭 필요한 사람들로 참석자를 일곱 명 이하로 제한하고, 회의 자료는 적어도 하루 전에 공유해야 해요. 회의에 참석하는 인원이 많을수록 불필요한 소통이 늘어나기 때문에 여덟 명 미만으로 진행하는 것이 가장 이상적이고, 회의에 참석한 모든 사람이 의견을 내는 것이 중요합니다. 회의는 참석하는 이유가 분명할 때 간결하고 실속 있게 진행할 수 있습니다. 그래서 참석하는 인원만큼 책임을 명확하

게 할당하는 것이 중요하죠. 앞에서 말씀드렸듯 회의 시간도 굉장
히 중요한데요, 약속한 시각에 정확히 시작하고 끝내는 것이 좋습
니다.

참여와 지원을 이끄는 회의 문화

참가자들을 회의에 적극적으로 참여하게 하려면 '도움 요청'을 장
려하는 분위기를 조성하는 것도 필요합니다. 색깔이나 점수로 업
무 진행 상태를 표시할 수도 있습니다. 가령 빨간색은 목표에 뒤처
지고 있으니 도움이 필요하다, 노란색은 목표에 뒤처졌으나 스스
로 해결 중이니 기다려달라, 초록색은 순조롭게 잘 진행되고 있으
니 회의가 필요 없고 목표 지점까지 집중할 수 있도록 지지해달라
는 식으로 표시하는 거죠. 업무 내용을 2점이나 1점처럼 낮은 점
수 혹은 빨간색이라 이야기한 구성원들에게는 질책이 아니라 따로
회의를 마련해 어떤 도움이 필요한지 이야기 나누며 회의를 긍정
적인 경험으로 만들어야 하고요.

　저는 회사에서 빨간색을 표시한 구성원에게 문제의 내용이 무
엇인지, 문제를 해결하기 위해 스스로 어떻게 대응했으며 그 결과
는 무엇인지 정리해 공유하도록 요청합니다. 구성원이 도움을 요
청하는 일을 부끄러워하지 않고 긍정적인 경험으로 받아들이게

하는 것, 이것이 중요한 소통의 시작이라는 점 다시 한 번 강조드 립니다.

지금까지 우리가 해온 회의에는 회의 자체를 싫어할 만한 이유가 많았어요. 시간을 들이고 많은 인원을 동원하는 데 비해 만족하는 결과를 얻는 경우는 드물었죠. 이제 사장님이 나설 차례입니다. 지금까지 말씀드린 내용을 바탕으로 개방적이고 발전적인 조직 문화를 위해 누구도 귀찮아하지 않고 두려워하지 않는 회의 문화를 만들어보시면 어떨까요? 논의가 꼭 필요한 안건을 명확히 정리하고, 논의에 꼭 필요한 구성원들이 참석해 모두 자유롭게 의사를 표현하고, 모든 아이디어가 편견 없이 존중되어 모든 참석자가 흡족한 얼굴로 회의실을 나설 수 있는 회의 말이죠. 회의 시간을 긍정적으로 보낸 구성원은 회의 문화를 더욱 긍정적으로 만들어가고, 그 결과 목표를 더 효율적으로 달성하며 성장합니다. 구성원들과 함께 여러분의 회사에 꼭 맞는 여러분만의 회의 문화를 만들어가시길 바랍니다.

실전 팁

효과적인 회의를 위한 세 가지 핵심

1. 명확한 목표

회의 전에 다룰 내용을 명확히 정리하고, 꼭 필요한 안건만 논의하세요.

2. 적절한 인원 구성

필요한 인원만 초대하여 효율성을 높이고, 모두 적극적으로 참여하도록 진행하세요.

3. 시간 엄수

정해진 시간에 시작하고 마치며, 간결하게 진행해 시간 낭비를 줄이세요.

구성원의
마음을 여는
가장 간단한 방법

스몰토크의 힘

얼마 전 한 사장님을 만났습니다. 3년 전부터 알고 지낸 사이인데 이분 말수가 워낙 적어요. 하지만 몇 안 되는 대화에서도 구성원들을 아끼는 마음이 묻어나서 평소 회사에서 구성원들에게 얼마나 잘하실지 하는 생각에 괜스레 제가 흐뭇해질 때도 있었습니다. 그런데 그날, 이 사장님이 망설이는 듯하다 제게 이런 이야기를 털어놓았습니다.

"직원들과 친해지려면 어떻게 해야 할까요?"

뜻밖의 질문에 저는 당황했어요. 과장 좀 보태서 사장님 같은 분만 있으면 제게 컨설팅을 의뢰하는 고객이 없을 거라고 우스갯소리를 할 정도로 사장님은 평소 구성원들을 진정성 있게 대하고 각자에게 알맞은 역할과 책임을 주고 계셨거든요. 자기 뜻을 강요하지도 않고, 항상 구성원들 이야기에 귀 기울이고요. 저는 이런 생각을 삼키고 사장님께 물었습니다.

"사장님 요즘 좀 외로우세요?"

"하하, 그런가 봐요. 외로움은 사장의 숙명인데 요즘 들어 특히 직원들과 거리를 느껴요. 용기 내서 별일 없는지, 회사생활은 만족스러운지 묻기도 하는데 늘 '네' 하고 단답만 돌아오니 나랑 이야기하기 불편한가 하는 생각도 들고요…. 우리 회사에 들어와서 함께 일하고 있는 고마운 사람들이니 오랫동안 서로 잘 지내고 싶어요. 그러려면 평소 어떤 생각을 하면서 지내는지, 어떤 게 필요하고 어떤 걸 원하는지 알고 싶은데 부담스럽게 하기는 싫으니까요. 간단한 질문도 망설이게 되고, 대화는 더 줄고, 그렇게 점점 멀어지는 것 같아요."

많은 사장님이 비슷한 고민을 합니다. 나이가 더 들어갈수록 구성원과의 소통이 어려워진다고 느끼는 경우가 많아요. 이렇게 이야기하면 꼰대라고 생각할까, 저렇게 이야기하면 시대에 뒤떨어진 사람이라고 생각할까 무서워서 말 한마디 꺼내기가 힘들다는 분이 많죠. 그래서 저는 이럴 때 '스몰토크'로 시작해보라고 제안합니다. 말 그대로 가벼운 대화 말이죠. 가벼운 대화지만 이 대화가 지닌 힘은 결코 가볍지 않습니다.

스몰토크는 사장과 구성원 간 위계를 잠시 내려두고 친밀감을 쌓는 데 큰 힘을 발휘합니다. '어떻게 하면 상대와 더 친밀해질까'

라는 생각 아래 상대의 관심사나 공통의 이야깃거리를 가지고 긴
장을 푸는 기회예요. 사람 대 사람으로 일상적인 대화를 나누는
겁니다. 오래 뭉친 근육에 핫팩을 가져다 대면 긴장이 풀어지듯
자신을 먼저 열어놓고 소소하게 이야기를 시작하면 딱딱했던 관계
가 말랑말랑해지기 시작합니다. 여기서 사장님들은 이렇게 물어요.

"그래서, 뭘 물어봐야 할까요?"

스몰토크에는 누구나 적용할 수 있는 간단한 규칙이 있습니다.
먼저 상대가 잘 아는 주제를 꺼내보세요. 평소 구성원의 관심사에
대해 알고 있다면 그 주제로 자연스럽게 대화를 시작할 수 있겠
죠. 다음처럼 말이에요.

"지은 님, 요즘도 한강에서 러닝크루 활동해요? 굳은 몸 좀 움직
여보려고 지난주말 한강공원에서 잠깐 달려봤는데 호흡이 달려서
5분 만에 심장은 터질 것 같고, 다리엔 쥐 나고, 어휴… 스스로 한
심해서 웃음이 다 나더라구요, 하하. 지은 님은 온종일 근무하고
어떻게 러닝까지 꾸준히 해요? 정말 대단해요."

이렇게 가벼운 대화를 나누면 상대방도 자연스레 마음을 엽니
다. 중요한 건 스몰토크에서 업무 이야기를 피하고, 닫힌 질문 대신
열린 질문을 던지는 거예요. 다음과 같은 상황을 한번 생각해볼까
요? 외부 미팅을 하러 나가는 차 안에서 사장과 구성원이 나눈 대
화입니다.

사장 오늘 날씨 좋죠?

지은 (창밖을 한 번 내다보고는) 네, 좋네요.

사장 …

지은 …

이렇게 대답이 간단히 끝나면 대화가 이어지기 어렵습니다. 질문 하나가 끝나면 긴 침묵이 이어지고요. 반대로 열린 질문을 던지면 어떻게 될까요? 짧고, 유쾌하고, 친밀하고, 지배적이지 않게 상대 이야기를 있는 그대로 받아들이면서 이야기를 나눠보세요. 이때 밝은 미소와 몸짓이 더해진다면 상대 마음이 더 활짝 열릴 겁니다. 다음 대화처럼 말이죠.

사장 오늘 날씨 참 좋네요. 저는 개인적으로 가을이 제일 좋더라구요. 너무 덥지도 춥지도 않으니 활동하기도 좋고, 움직이고 나면 기분도 환기되고요. 지은 님은 어떤 계절을 좋아해요?

지은 저는 여름이요.

사장 오, 여름? 여름이 왜 좋아요?

지은 저는 더운 날씨가 좋아요. 옷을 가볍게 입을 수 있어서도 좋고, 퇴근하고도 밖이 어둡지 않아서 마음이 여유로워지거든요.

상대의 관심사를 몰라도 괜찮습니다. 이때는 데일 카네기Dale Carnegie
가 제안한 방법을 사용해보세요. 먼저 머릿속으로 집을 그립니다.
그러면 "어디 사세요?" "아파트에 사세요, 아니면 주택에 사세요?"
라고 물으면서 대화의 물꼬를 틀 수 있을 거예요. 집으로 들어서니
거실에 가족들이 보입니다. 그러면 "가족들과 같이 사세요?"라고
이야기를 이어갈 수 있을 겁니다. 서재가 보이면 "요즘 어떤 책 읽
으세요?"라고 물을 수도 있고요. 이렇게 머릿속으로 이미지를 상
상하면서 질문을 이어가면 대화가 끊길 일은 없을 거예요. 꼭 집
이 아니어도 좋으니 상상력을 발휘하며 상대방을 알아가보세요.
    회사는 일하는 공간이지만 회사 일이 잘되려면 정서적인 유대
와 감정적인 이해를 갖추는 일이 우선입니다. 구성원과 오랫동안
서로 관계를 잘 유지하면서 지내려면 구성원이 무엇을 원하는지
알아야 하고, 구성원이 풀지 못하는 진짜 문제가 무엇인지 일상적
으로 이야기할 수 있는 관계가 되어야 해요. 일상 속 스몰토크를
통해 사장이 먼저 다가가면 구성원은 자신이 존중받고 있다고 느

끼고 마음을 열 거예요. 이 과정이 반복되면 서로 정서적인 유대를 직조하게 되고, 구성원의 진짜 문제에 대해서도 일상적으로 이야기할 수 있는 관계로 나아갈 수 있습니다. 이런 관계는 문제 해결과 협업으로도 이어질 수 있고요.

사장은 회사 안에서 인사권을 지녔고, 성과를 관리하고, 최종 의사를 결정하는 사람입니다. 구성원들은 당연히 이런 사장을 어려워할 수밖에 없어요. 사장이 열린 태도로 먼저 다가가지 않으면 사장과 구성원의 유대는 만들어질 수 없습니다. 사장실 문을 열어두는 걸로는 부족합니다. 문이 열렸다고 해서 찾아오는 직원은 아마 한 명도 없을 테니까요. 먼저 다가가세요. 적어도 1년에 네 번은 구성원들을 고루 만나며 온도를 직접 느껴보세요. 횟수보다는 밀도, 만남이라는 행위 자체보다는 상대의 존재에 집중하는 것이 중

요합니다.

미국 농구계의 전설적인 감독이자 뉴욕 닉스의 전 사장 필 잭슨Phil Jackson은 사장으로서 가장 중요한 역할이 "구성원들이 자신을 세상에서 가장 특별한 사람이라고 느끼게 하는 것"이라고 말했습니다. 구성원은 사장에게 인정받는다고 느낄 때에야 사장을 인정하기 시작합니다. 구성원을 인정하려면 구성원 각자의 차이를 알고, 그 차이에 맞춰 다가가야 하고요. 사장은 '결'을 읽을 줄 알아야 합니다. 무심결에 드러나는 차이를 알아채야 해요. "요즘 별일 없어요?"라는 텅 빈 질문에 곧바로 속내를 털어놓는 사람은 없습니다. 구성원은 먼저 이야기하지 않아요. 상대의 내면을 파고드는 좋은 질문, 특히 자신을 먼저 드러내는 '자기 개방형 질문'으로 대화를 시작한다면 정말 좋은 사장이 되는 길에 한 발짝 내디딘 겁니다.

실전 팁

구성원들에게 '당신은 특별한 사람'이라는 메시지를 전하세요. 짧고 유쾌하게, 구성원이 잘 아는 주제로 접근해보세요. 2030 젊은 구성원일수록 자신에게 관심을 갖는 리더를 선호한다고 해요. 따뜻한 관심을 표현하는 작은 대화만으로도 강한 유대감을 만들 수 있습니다.

회사에
소문이 돌고 있다면

입소문 관리하는 법

사람들은 이야기를 좋아하고 이야기하기도 좋아합니다. 그래서 사람이 모이는 곳에는 언제나 소문이 돌죠. 특히 부정적인 이야기는 긍정적인 이야기보다 훨씬 빠르게 퍼지는데, 이는 회사에서도 마찬가지입니다. 회사 안에서 돌기 시작한 작은 소문이 점점 커져 조직의 신뢰와 사기를 위협할 수도 있죠.

회사의 소문은 구성원들 간의 감정에 따라 확산 속도가 달라지기도 합니다. 긍정적인 감정이 지배적인 조직에서는 부정적인 소문도 상대적으로 덜 파급되거나 긍정적으로 해석될 가능성이 있죠. 하지만 조직 내에 부정적인 감정이 퍼져 있다면 상황이 다릅니다. 개인의 편견과 무의식적인 감정이 소문에 영향을 줘서 내용이 왜곡되거나 과장될 가능성이 커지죠. 사장이 소문을 신중하고 민감하게 다뤄야 하는 이유가 바로 여기에 있습니다.

소문을 관리하는 첫걸음: 확인과 검증

회사에 부정적인 소문이 돌기 시작했을 때 사장이 가장 먼저 해야 할 일은 그 소문을 검증하는 겁니다. 아무리 잘못된 소문이라도 일단 퍼지기 시작하면 걷잡을 수 없게 돼요. 감정에 휩쓸리기 쉽지만 이럴 때일수록 차분히 소문의 출처를 파악하고 정보의 신뢰성을 확인해야 합니다. 불확실한 정보에 빠르게 반응하거나 대처하다 보면 오히려 상황을 더 악화시킬 수 있습니다. 많은 구성원에게서 좋은 소식과 나쁜 소식을 가리지 않고 전해 들으면서 그 정보가 신뢰할 만한지 확인하는 것보다 나쁜 소문을 빨리 해결하려는 마음이 앞서기도 하고요. 먼저 소문의 근원을 찾고, 객관적인 정보에 기반해 사실과 허구를 구분하는 것이 중요합니다.

소문을 관리하려면 적어도 5초 이상 멈추고 생각하면서 그 정보의 근원이 어디인지, 출처를 신뢰할 만한지 먼저 파악하는 것이 중요합니다. 섣부르게 판단하거나 감정에 치우친 반응을 보이면 구성원들은 사장을 신뢰하지 않을 수 있습니다. 민감한 주제에 관한 소문일수록 더 신중하게 접근하고, 건강하게 의심하며, 사실을 바탕으로 내용을 이해해야 합니다. 사장으로서 구성원에게 불안과 혼란을 주지 않도록 진위 여부를 파악하기 전에는 섣불리 정보를 공유하지 않는 것이 좋습니다.

투명한 대응의 중요성

일단 부정적인 소문이 퍼졌다면 이를 없던 일로 만들 수는 없습니다. 문제가 생겼다면 그에 대해 정확한 정보를 제공하고 투명하게 소통하는 것이 사태가 커지는 것을 막는 길입니다.

한 중소기업 사례를 살펴보죠. 이 회사의 임상시험 담당자가 제품 시험 결과를 조작해 식약처에 보고한 일이 있었습니다. 담당자는 나중에야 잘못을 깨닫고 뒤늦게 사장님께 이 사실을 알렸어요. 여러분이 이 회사 사장님이라면 어떻게 조치하시겠어요?

아쉽게도 사장님은 잘못을 인정하고 공론화하면 회사 이미지와 매출이 크게 타격받을까 봐 두려워했어요. 그래서 담당자를 함구시키고 같은 일을 다시 저지르지 말라고 당부하며 그 사건을 덮고 지나가기로 했습니다. 하지만 이 일은 구성원 한 명만 단속한다고 해결될 사안이 아닙니다. 잘못을 반성하지 않은 채 매출에만 집중하며 안일한 태도로 문제를 방치하면 구성원들은 '이렇게 해도 괜찮겠지' 하는 식으로 생각하며 매일같이 부정적인 상황에 놓입니다. 이런 일들이 소문으로 퍼지면 회사는 올바른 가치에서 멀어지고, 구성원들에게서 신뢰를 얻기 어려워집니다.

또 잘못된 보고서가 정부기관에까지 보고되는 일이 관행이 되면 회사에는 물론 사회에도 악영향을 미치게 되죠. 매출이 곤두박질하더라도 사장님은 모든 일을 멈추고 이 문제를 가장 우선 해결했어야 합니다. 나중에 알게 된 사실이지만 임상시험 결과를 거짓으로 보고한 구성원은 자신이 불리한 상황에 처하자 이 일을 볼모 삼아 경영진에게 물질적인 요구를 하면서 회사를 협박했습니다. 자신이 저지른 잘못인데도 회사가 묵인하고 방임했다는 점을 약점으로 이용했죠.

이 회사 사장님은 당장의 손해를 감수하고 공명심을 지키는 대신 문제 되는 구성원의 입을 막고 매출과 시장 점유율을 지키는 쪽을 택했습니다. 이 일로 명성 일부를 제외하고 회사는 크게 타격을 입지 않았어요. 하지만 구성원들이 최고 경영진에게 신뢰를 잃으면서 능력 있는 인재들이 이탈하기 시작했죠. 결과적으로 이 회사는 새로운 경영진을 영입하고, 이탈률을 최소화하기 위해 제도를 구축하고, 신입 인재를 영입하느라 막대한 비용을 지출했습니다. 어떤 결정도 정답이라고는 할 수 없지만 투명한 조직문화를 만들고 싶다면 이런 사건이 발생하지 않도록 예방하는 것이 가장 강력한 방안이며, 만일의 사태에 대비해 사후 대책을 마련해두는 것이 좋습니다.

사장이 소문을 덮는 방향을 택할 경우, 이는 단기적으로 문제를 해결하는 것처럼 보일지 몰라도 장기적으로는 부정적인 영향을 미칩니다. 사장은 구성원들이 회사에 대한 신뢰를 잃지 않도록 진실을 투명하게 공개하고, 문제가 생긴 이유와 해결 방법을 공유해야 합니다. 이는 구성원들이 회사에 대한 신뢰를 유지하도록 돕고, 부정적인 소문이 더 이상 퍼지지 않게 막는 최선의 방법입니다.

이는 일부 대기업의 먼 이야기가 아닙니다. 작은 규모의 회사에서도 종종 일어나고 있는 일이에요. 문제가 발생하기 시작하는 지점에서 흔히 리더들은 괜찮겠지 하고 안이하게 생각합니다. 이때 가장 중요한 점은 부정적인 시그널, 그 시발점을 빠르게 캐치하고 구성원에게 사실을 있는 그대로 알려 소문이 눈덩이처럼 커지기 전에 빠르게 대응하는 겁니다. 문제가 생기면 채널을 마련해 원칙대로 투명하게 알리며 구성원이 심리적으로 안정하도록 해주세요. 상황을 관망하는 대신 정확한 정보를 제공하고 오해를 해소할 때 미래의 괴물들을 사전에 막을 수 있습니다. 부정적인 소문은 지체하는 순간 이미 몸집을 불리기 시작하니 반드시 신속하게 대응해야 합니다. 소셜미디어를 정기적으로 모니터링해 부정적인 소문과 긍정적인 소문을 관리하는 것도 이 시대에 필수적인 항목일 테고요.

긍정적인 소통 문화 만들기

부정적인 소문에 대응하기에 앞서 좀더 근본적으로 중요한 것은 구성원들이 회사 안에서 부정적으로 느끼는 점들을 나누고 함께 해결방안을 찾아보는 일입니다. 부정적인 감정이 커지기 전에 해소하는 거죠. 정기적으로 워크숍을 마련해 구성원들이 어려운 점을 자유롭게 털어놓고 서로의 이야기를 공유할 수 있는 기회를 제공하는 것도 좋은 방법입니다. 이런 문화가 만들어지면 자연스럽게 부정적인 소문도 줄어들게 됩니다.

사장의 언어와 태도 관리하기

부정적인 소문을 관리하기 위해 사장이 할 수 있는 일이 또 하나 있어요. 바로 말하는 방식을 점검하고 배우는 겁니다. 말은 생각의 결괏값이죠. 사장은 회사를 대표하는 얼굴이자 조직의 브랜드와도 같은 존재입니다. 사장이 내외부에서 사용하는 언어와 태도는 회사의 이미지에 직접적인 영향을 미칩니다. 특히 소셜미디어와 같은 공개된 플랫폼에서의 발언은 매우 신중해야 해요. 사장의 의사소통 방식에 따라 긍정적인 소문과 부정적인 소문이 생길 수 있으므로 사장은 항상 자신의 언어와 태도를 돌아봐야 합니다.

우리나라에도 다양한 스피치 기술을 소개하는 프로그램이 많지만 단순히 기술적으로만 접근해서는 부족합니다. 조직이나 개인의 이슈가 모두 다르기 때문에 상황을 올바로 진단하고 알맞은 방법을 적용해야 하죠. 가장 좋은 방법은 컨설팅 전문가를 만나 공적인 말하기 방식, 소통에서의 어조, 메시지 전달 방식 등을 세분화해 점검받는 것이지만 그럴 여력이 되지 않는다면 주변 분들의 도움을 구해보는 것도 좋아요. "평소에 내가 말하는 걸 들으면 기분이 어때?" "나한테 존중받는다는 느낌이 들어?" "내 대화 방식에 문제가 있다면 뭐라고 생각해?"라고 물으며 솔직하게 의견을 들어보는 거죠. 상대의 답으로 자신의 문제를 깨달았다면 그 점을 고치기 위해 부단히 노력하고요. 사장의 말 한마디 한마디가 회사와 구성원들에게 미치는 영향을 인식하고 더욱 세심하게 관리해야 합니다.

부정적인 소문 하나가 긍정적인 소문 아홉 개를 무력하게 만듭니다. 부정적인 소문의 원인을 파악하고, 문제를 해결하고 또 예방하는 조치를 취하는 일은 긍정적인 소문과 긍정적인 경험을 새롭게 만드는 일보다 중요해요. 문제를 빠르게 파악하고 조치하는 일이 어떤 새로운 제도보다 낫습니다. 결국 문제 상황이나 행동을 미연에 방지하는 시스템을 구축하는 게 가장 중요하고, 그렇게 될 때 부정적인 소문이 관리되고 조직의 신뢰와 안정을 유지할 수 있다는 점, 마음 깊이 새기셨으면 합니다.

실전 팁

부정적인 소문이 들렸다면 먼저 그 출처와 진위 여부를 신중하게 검토하세요. 문제가 확인되면 그에 대해 정확한 정보를 제공하고, 구성원들이 불안해하지 않도록 투명하게 소통해 신뢰를 쌓으세요.

사장의
의사결정에는
문서화가 필요하다

기록하고 약속하고 지키는 회사

사장은 회사를 대표하며 중요한 결정을 내리는 사람입니다. 그렇기에 사장의 하루는 끊임없는 의사결정의 연속이라고 할 수 있죠. 그런데 의사결정이 일관되지 않고 효율적이지 않다면 회사에 어떤 영향을 미칠까요? 잘못된 결정은 구성원의 업무 만족도를 떨어뜨리고, 회사 분위기를 무겁게 만들며, 결국 성과에도 악영향을 미치게 됩니다.

실제로 기술력이 뛰어나고 영업이익도 좋은 한 회사가 있었습니다. 사장님의 재정도 넉넉해 보였지만 회사 분위기는 어둡고 구성원들 얼굴에는 웃음기가 없었어요. 사장님은 출장이 잦았습니다. 출장에서 돌아와 사무실에 들어서면 무겁게 가라앉은 분위기 속에서 무표정한 구성원들을 마주하는 게 사장님의 큰 고민이었죠.

구성원들은 회의에서도 아무 말 하지 않았고, 새로운 도전 과제나 질문에도 무반응으로 일관했어요. 이에 사장님은 제게 도움을 요청하게 되었습니다.

이 회사의 문제는 사장님의 의사결정 방식에 있었습니다. 사장님은 동일한 사안에 대해 매번 의견을 바꿨고, 구성원들은 이런 변덕스러움에 지쳐 있었습니다. 사장님께 이유를 물었더니 두 가지 이유를 들려주셨어요. 첫째는 "기억이 잘 안 난다"였고, 둘째는 "내 의도를 구성원이 잘못 이해했다"라는 거였죠. 문제의 핵심은 신뢰의 부재였습니다. 이 회사에는 사장과 구성원, 구성원과 구성원 사이에 신뢰가 없었습니다. 어찌 보면 당연합니다. 의사결정이 매번 뒤바뀌면서 구성원들은 사장님의 말을 믿지 않게 되었고, 회사 내 신뢰는 점점 무너지고 있었습니다.

이에 저는 '문서화'를 통해 신뢰를 쌓는 방안을 제안했습니다. 사장님이 내린 결정을 구성원이 문서로 정리해 사장님께 확인받는 과정 말이죠. 이렇게 하면 의사결정이 기록으로 남아 사장님이 의도한 내용이 정확히 전달되었는지 확인할 수 있고, 의사결정의 근거를 추후에 참고하기도 쉬워집니다. 더불어 불가피하게 결정 내용을 바꿔야 할 때는 구성원들에게 이유를 충분히 설명하도록 했습니다. 불신은 작은 간극에서 생겨나고, 신뢰는 작은 이해에서 시작됩니다. 서로 어긋날 수 있는 요인을 되도록 하나라도 줄이면 이해와 신뢰를 쌓아가면서 회사의 불필요한 갈등과 오해를 줄이는 데 도움이 됩니다.

또한 저는 사장님께 '약속하는 문화'를 만들어보라고 권했습니다. 목표를 세우고 그 과정을 문서로 관리해 모든 구성원이 열람할 수 있도록 공유하면 구성원들은 자신의 업무에 대한 불만이나 오해를 줄이고, 서로의 업무 방향을 일치시킬 수 있습니다. 회사는 여러 사람이 함께 일하는 공간이기 때문에 서로의 생각을 확인하고 일치시키는 과정이 필수예요. 명확한 기록과 약속은 신뢰의 시작, 성공의 시작입니다.

실전 팁

의사결정을 문서화해 구성원들에게 명확하게 전달하세요. 결정 내용을 메모나 이메일로 기록해 공유하면 구성원들이 문제가 발생했을 때 참고하기도 쉽습니다.

결정을 잘하는 방법

5와 WHY의 법칙

모 회사 사장님은 자신이 최고의 리더라고 믿었어요. 그도 그럴 만한 게 사장님은 항상 구성원들을 생각하고, 회사 비전도 확고하게 가지고 있었죠. 그런데 이상하게도 구성원들 사이에서 회사 평판은 최악이었고, 사장님에 대한 불만이 끊이지 않았습니다. 도대체 문제는 어디에 있었을까요?

설 명절을 앞두고 구성원들에게 줄 선물을 논의하던 자리에서 재무팀이 편의를 고려해 10만 원짜리 백화점 상품권을 제안했습니다. 인사팀은 반대 의견을 냈어요. 직원들이 각자 원하는 물건을 사는 방식을 더 선호한다는 이유였죠. 하지만 그날 점심, 재무팀장은 사장님과 식사 자리를 가지며 상품권 제안을 다시 말씀드렸고, 사장님은 곧바로 "그러지!" 하며 승인했습니다. 재무팀장은 "사장님이 말씀하시길"로 운을 떼며 승인한 내용을 인사팀에 통보했지만 결과적으로 구성원들의 선호와는 동떨어진 결정이었어요. 그야말로 사장님의 '성급한 결정'이었죠.

이 사장님께 저는 아주 간단한 방법을 제안했습니다.

"사장님, 먼저 엄지손가락과 검지손가락이 이어지는 손등 부분에 네임펜으로 '5'와 'WHY'를 적어두세요. 시선을 내리면 언제든 볼 수 있도록 말이죠. 그리고 결정을 내려야 할 때마다 이를 보면서 5초간 깊이 숨을 들이쉬고, 'Yes' 대신 'Why'라고 스스로 질문해보는 습관을 들여보세요."

사장은 조직의 어떤 사람보다 본질을 정확히 바라봐야 해요. 본질을 보는 시력이 나쁘면 한순간의 감정에 휩쓸려 합리적이지 못한 결정을 내리게 되죠. 특히 혼자서 많은 일을 처리해야 하는 사장

이라는 직책 특성상 심신이 과부화되어 지쳐 있는 상태에서 어려운 일을 맞닥뜨리면 더욱 결정을 제대로 내리기 어려워요. 이 5초의 질문은 문제가 '진짜 무엇을 위한 결정인가'를 다시 생각하게 만들고, 흥분이나 편견 없이 신중하게 결정할 수 있도록 돕습니다. 사실 5초는 그리 길지 않지만 이 시간이 주는 효과는 의외로 큽니다. 그 짧은 동안 문제를 객관적으로 바라보게 돼요. 예를 들어, 설 선물로 백화점 상품권을 제안받았을 때 사장님은 이렇게 물어봤어야 했죠.

'이 선물은 누구를 위한 걸까?'

'구성원들이 정말 상품권을 원할까?'

이 두 가지 질문만 던져도 답은 나옵니다. 답이 '그렇다'라면 좋은 결정일 테고, '아니다'라면 재고할 여지가 있겠죠. 이렇게 본질을 정확히 파악한 다음 결정을 내렸다면 사장님과 구성원 사이의 오해와 불만도 줄어들었을 겁니다.

사실 이 회사의 문제는 사장님 곁에서 소통을 중재하는 관리자들에게도 있었습니다. 사장님은 가까운 몇몇 팀장만을 믿고 대화하다 보니 구성원들이 전달받는 정보가 제한적이었고, 그 결과 오해와 불신이 쌓였습니다. 사장님이 각 부서와 직접적으로 소통하며 구성원들의 의견을 더 넓게 청취했다면 상황은 달라졌을 거예요.

많은 사장님이 바쁘고 편하다는 이유로 특정 팀장이나 관리자에게 의존합니다. 누구를 위한 결정인지 늘 본질을 생각하고, 사안을 충분히 객관화해 의사를 결정했다면 구성원들에게 자신의 의도가 충분히 전해지도록 그 결정에 대해 리더들에게 자세히 설명하세요. 때때로 현장 구성원들과 직접 만나 이야기를 나누며 조직분위기를 파악하는 방법도 좋습니다. 모범적인 구성원들과 교류하다 보면 구성원들도 사장을 더 잘 이해하게 되고, 자연스럽게 사장님도 전체 조직을 더 객관적으로 볼 수 있게 됩니다.

실전 팁

수많은 의사결정 앞에서 딱 한 가지 질문만 떠올리세요:
'이 결정은 무엇을 위한 것인가?'
이 질문은 문제를 객관화하고 본질에 집중하게 도와줄 거예요.

사장의 급여는
어떻게 정할까?

사장도 목표를 정하고
보상받아야 한다

사장은 회사의 리더이자 사업의 최종 책임자입니다. 회사가 잘되면 그 공을 함께 나누지만 어려운 상황이 닥치면 모든 것을 혼자 감당해야 하죠. 많은 중소기업 사장님이 직원들 급여는 꼬박꼬박 챙기면서 본인의 급여는 후순위로 밀어둡니다. 상황이 어려워 자발적으로 희생하는 경우도 있지만 이런 상황이 반복되면 사장님 본인뿐 아니라 회사에도 좋지 않은 영향을 미칩니다. 사장 역시 회사의 핵심 인력으로서 정당한 보상을 받지 못하면 동기를 잃고 업무 성과에도 악영향을 미칠 수밖에 없어요.

사장 급여, 누가 결정해야 할까?

급여는 사장이 직접 정하는 대신 경영진이나 사내 이사회에 위임하는 게 좋습니다. 이사회가 없다면 보상위원회를 구성하는 것도 방법입니다. 보상위원회는 보통 회사 내부 구성원과 외부 이해관계자들로 이뤄지며, 투명하고 객관적인 급여 결정 절차를 마련할 수 있습니다. 예를 들어 사내 경영진이나 이사회가 사장의 성과를 평가한 뒤, 급여를 승인하는 방식으로 운영할 수 있죠.

사장의 급여는 어떻게 책정해야 할까?

먼저, 동종업계 유사한 규모의 기업 사장들의 급여를 조사해 적정 수준을 파악해야 합니다. 외부 전문가를 고용해 자료를 수집한 뒤, 이를 바탕으로 급여를 결정하고 공식 문서로 남겨두면 객관성을 높일 수 있어요. 또 사장의 성과를 반영해 급여를 책정하는 방식도 좋습니다. 회사의 수익성, 성장률, 시장 점유율 등 다양한 요소를 평가해 급여에 반영하면 보상 체계가 더욱 공정해집니다.

보상은 보통 기본급과 성과급으로 구성됩니다. 기본급은 고정된 금액으로 결정하고, 성과급은 사장의 성과에 따라 변동될 수 있습니다. 이사회나 경영진이 이를 승인한 다음 급여가 결정되는 거죠.

사장이 급여를 당당히 요구해야 하는 이유

많은 사장님이 구성원들의 보상에 신경 쓰면서 본인 급여에 대해서는 말을 아끼는 경우가 많습니다. 부끄러움이나 다른 말 못 할 이유로 급여 논의를 꺼리기도 하죠. 하지만 사장의 보상 역시 공정하게 책정되어야 합니다. 회사가 성장하고 매출이 늘어남에 따라 사장도 목표를 설정하고, 성과로 보상받아야 해요. 개인적인 목표, 회사의 성과와 전략에 대한 방향점을 단기, 중기, 장기 목표로 세워 제시하고 성과를 정량적으로 평가하고 문서화한다면 보상 개선이나 보정의 근거가 될 거예요. 특히 자신의 비전이나 계획을 세우고 경영진이나 이사회와 공유해 지지를 얻는 작업은 회사의 어떤 구성원도 대신할 수 없는 사장님만의 역할이죠.

보상을 개선하기 위해 경영진이나 이사회와 협상하는 일은 매년 거쳐야 하는 매우 중요한 일입니다. 사장님 자신의 성과와 기여도를 강조하고 시장 조사 내용을 바탕으로 적절한 보상을 요구하는 일은 자신뿐 아니라 회사와 구성원들을 위한 행동이라는 것을 잊지 않으셨으면 해요.

단계적으로 접근하는 보상 체계

만약 자신의 보상 개선을 오랫동안 논의하지 못했다면 좀더 유연하게 접근해보세요. 예를 들어 6개월, 1년, 2년 등 특정 기간을 정해 단계적으로 급여 체계를 점검하고 조정하는 방법도 있습니다. 회사의 성장과 개인의 성과를 고려해 보상 체계를 정립하는 작업은 회사의 안정과 성장을 위해 중요합니다. 혁신하고 발전하려면 내부 프로세스를 견고하게 정비하는 일이 필수적이죠. 사장이 정당하게 보상받지 못하고 불가피하게 많은 것을 억누르고 희생하는 것보다는 떳떳하게 능력을 인정받으며 더 건강한 체제를 만드는 것이 오랫동안 잘되는 회사를 만드는 필수 요건입니다.

실전 팁

사장의 급여를 아직 정식으로 산정해본 적이 없다면 다음 세 단계를 참고해보세요.

1. 급여 결정은 이사회나 경영진에 맡기세요

2. 객관적인 자료와 성과 평가를 바탕으로 책정하세요

3. 개인 및 회사 목표를 명확히 설정하고 성과를 기록해보세요

Part 4

사장은 리딩 스킬을
배워야 한다

밀착의 리더십
이 시대에 성공하기 위해
꼭 필요한 리더십

사장은 안에서도 외롭고 밖에서도 외롭습니다. 특히 홀로 경영하고 있다면 사업하면서 겪는 크고 작은 어려움들을 허심탄회하게 나눌 데가 많지 않아요. 마음을 털어놓을 기회가 생기면 한없이 무너지기도 하지만 진심 어린 공감이 없는 대화는 헛헛함만 키웁니다. 때로는 모든 어려움을 혼자 껴안고 가는 데 한계를 느끼기도 하죠. 이렇게 혼자서 모든 부담을 짊어지는 것은 사장의 숙명입니다. 하지만 그 안에서 우리가 사장으로서 일과 인간관계를 잘 가져가는 방법은 분명히 있어요. 그 답은 바로 리더십입니다.

한 중견기업 회장님은 선대 회장으로부터 물려받은 회사를 새롭게 혁신하고자 했습니다. 하지만 조직문화가 너무 경직되어 있고, 어떤 구성원도 회사에 필요한 쓴소리를 하지 않다 보니 아무리 변화 관리 프로젝트를 시도해도 진전이 없었어요. 이 회사의 본부장들은 회장과 20년 이상 함께해온 사람들로, 익숙한 환경에 머물고자 하는 경향이 강했기 때문이죠. 회장님은 누구보다 변화를 바랐지만 주변의 바른 소리도, 자신의 열린 자세도 없이 회사가 진정으로 바뀌기는 어려워 보였습니다.

저는 이 회사의 문제점을 진단하기 위해 한 회의에 참관했습니다. 회장님이 회사에서 고립되어 있다는 사실은 이 회의에서도 여실히 드러났습니다. 약속한 회의 시각이 되고 10분이 지나도, 20분이 지나도 회장님은 나타나지 않았고, 누구도 회장님을 찾으려 하지 않았죠. 저는 회의가 시작하기를 기다리다 옆에 계신 분께 상황을 여쭤봤어요.

> 태희 회의 10시 30분이죠?
>
> 팀원 맞아요.
>
> 태희 지금 10시 50분이 다 돼가는데 왜 다들 가만히 계세요?
>
> 팀원 제때 시작 안 하는 게 하루 이틀 일도 아닌걸요. 다들 이런 상황에 익숙해요. 조금만 더 기다리시면 회장님 들어오실 거예요. 보나마나 또 회의 시각 잊으셨겠죠.

나중에 알고 보니 회장님은 일에 집중해 시간 가는 줄 몰랐고, 회의 참석자들은 아무 이유도 모른 채 회의에 늦기 일쑤인 회장님에게 부정적인 감정을 키웠으며, 비서는 회장님께 급한 일이 있을 거라 짐작하며 가만있었고, 회장님 측근인 본부장들은 감히 회장실에 들어갈 엄두를 내지 못했습니다. 임직원 50명이 회의실에 가만히 앉아 30분가량 회장님이 오시기만을 기다렸어요. 뒤늦게 회장님이 등장했고, 저는 딱딱한 분위기를 조금이라도 풀어보려고 용기를 냈습니다.

> 태희 회장님, 지각하셨습니다.
> 회장 (머쓱하게 웃으며) 늦어서 죄송합니다. 잠깐 다른 일에 집
>   중하는 바람에 시간을 놓쳤네요. 누가 제 방문이라도
>   두드려줬으면 바로 알아차렸을 텐데 우리 회사 분들은
>   제게 말 걸기가 어려운가 봅니다, 허허.

회장님은 외딴방에 고립되어 있었고, 구성원들은 회장님을 멀게 느끼고 있었습니다. 회장님은 회장님대로 외롭고, 구성원은 구성원대로 불만스럽죠. 이제 사장은 단순히 지시하고 관리하는 자리가 아니라 회사 내 여러 관계를 연결하고 조화를 이루는 자리로 변화해야 합니다. 회사는 사장 혼자서 이끄는 것이 아니라 구성원 각자의 과업이 모여 나아갑니다. 팀장과 팀원, 구성원과 기술, 구성원과 고객을 연결하고 상생과 협업을 통해 회사 안에서 시너지 효과를 만드는 것이 사장의 역할입니다.

훌륭한 리더십을 갖추기 위해 다른 회사의 좋은 리더상을 우리 회사에 적용할 필요는 없습니다. 당장 1~2년 동안 살아남기 위해 우리 회사에 필요한 리더상, 구성원에게 필요한 리더의 역할이 무엇인지 제대로, 쉽고, 간결하게 정의하고 갖춰나가면 돼요. 회사에서는 연령과 성향이 저마다 다른 구성원들이 힘을 합쳐 성과를 만들어내야 하죠. 우리 회사만의 독특한, 최상의 성과를 내려면 구성원들의 특징을 뭉개 하나로 만드는 것이 아니라 비빔밥처럼 나물, 고기, 달걀, 쌀밥, 참기름, 고추장 같은 각 요소가 조화롭게 어우러져야 합니다.

과거에 중시되던 리더십이 1년에 한 번쯤 만나는 검진센터 의사 같았다면 오늘날 필요한 리더십은 퍼스널 트레이너와 같습니다. 체육관에서 트레이너가 회원의 목표를 함께 설정하고, 힘든 순간마다 격려하고 지도하듯 사장도 구성원의 목표를 설정하고 일상적으로 피드백을 제공하며 응원해야 합니다. 잘못된 동작을 잡아주듯 구성원이 회사를 위한 올바른 방향으로 나아가도록 도와주는 거예요. 운동하다 포기하고 싶을 때면 이렇게 이야기해주기도 하죠. "한 번만 더! 거의 다 왔어요! 할 수 있어요!" 나보다 나를 믿어주고 끝까지 해내도록 용기를 북돋우는 트레이너를 보면 죽을 것처럼 힘들어도 마지막 세트까지 온 힘을 다하게 됩니다. 사장도 구성원들에게 이런 리더가 되어야 합니다.

이번 분기 혹은 이번 해에 어떤 일을 꼭 이뤄보겠다는 목표를 함께 설정하고 달성하도록 칭찬과 피드백을 아끼지 않는 사장이 곁에 있다면 어떨까요? 잘못된 동작을 바로잡기 위해 회원에게서 눈을 떼지 않고 목표에 다다르도록 돕는 트레이너 같은 사장은 외롭지 않습니다. 구성원이 회사의 문제와 우선순위를 이해하고 어떤 일을 왜 해야 하는지 인지한다면 지치거나 이탈하지 않고 목표를 이룰 수 있습니다. 좋은 리더는 구성원과 같은 선상에 서서 구성원이 회사에 무엇을 기여할지, 언제까지 어디에 도달할지 잘 설정하도록 구성원을 코치해주는 존재입니다. 구성원이 포기하고 싶어 할 때 자기 포지션을 잘 지키면서 끝까지 집중해 승리하도록 말 한마디, 행동 하나하나를 통해 성장시키죠.

회사를 운영하면서 구성원과 친구가 되기는 어렵습니다. 하지만 구성원들에게 사장이 기대하는 역할과 목표를 분명히 할 때 권위와 신뢰가 생깁니다. 외로움은 피할 수 없지만 리더십을 통해 덜 외롭게, 그리고 더 가까운 리더로 다가갈 수 있습니다.

실전 팁

구성원과의 신뢰를 바탕으로 한 리더십을 키우고 싶다면 외딴방에서 벗어나 구성원의 목표를 함께 설정하는 일부터 시작하세요. 주기적으로 피드백을 주고, 그들의 길을 응원하는 리더가 된다면 회사의 성과와 신뢰를 함께 쌓을 수 있습니다.

구성원들이 매일 입사 첫날처럼 의욕으로 가득할 수 있다면

동기 부활의 원칙

기업을 컨설팅하다 보면 많은 사장님이 이런 말씀을 하십니다. "우리 직원들은 왜 그렇게 열정이 부족할까요? 태도도 점점 수동적으로 바뀌고요." 구성원들이 처음부터 의욕이 없었을까요? 아닙니다. 입사 초기의 그들은 하나같이 맑고 밝은 얼굴로 새로운 일에 대한 기대와 열정으로 가득 차 있었을 겁니다. '대충 시간만 때우고 급여만 받으면 돼' 혹은 '다른 사람들과 협업하는 데는 관심 없어, 나혼자만 잘하면 되지'라는 생각으로 회사 생활을 시작하는 사람은 없을 거예요. 모든 구성원이 입사 첫날의 에너지를 계속 유지할 수 있다면 회사는 놀랍게 성장할 겁니다. 하지만 시간이 지날수록 구성원들의 의지는 여러 이유로 점점 줄어듭니다. 처리해야 할 단순 작업들이 쌓이고, 개인의 기대와 회사의 방향이 어긋나고, 협조가 필요한 부서에서 지원받지 못하면서 일이 뜻대로 풀리지 않죠.

　그래서 많은 회사가 직원의 동기를 되살리기 위해 다양한 프로그램을 만듭니다. 그런데 한번 생각해보세요. 왜 입사 초기에 높았던 동기는 점점 줄어들어 낮은 수준에 머무르게 되는 걸까요? 여러 이유가 있겠지만 근본적으로는 동기를 저하시키는 요소들이 해소되지 않았기 때문입니다. 저는 사장님들이 관점을 달리해보셨으면 해요. '어떻게 동기를 부여할까?'보다는 '무엇이 동기를 떨어뜨릴까?'를 먼저 고민해보는 거죠.

동기를 저하시키는 요인들

동기가 줄어드는 이유는 다양하고 무수합니다. 나와 함께하는 구성원 개개인의 회사 생활을 상상해보세요. 입사 첫날, 입사 일주일, 입사 한 달, 두 달, 세 달… 구성원이 회사에서 보낸 시간을 찬찬히 떠올려보면 언제 어떻게 부정적인 감정을 느끼고 동기가 저하되었는지 일부 예측할 수 있을 겁니다. 회의에 상습적으로 늦게 들어오면서 사과 한마디 없는 팀장, 사장이 무심코 던지는 반말, 용기 내어 제안한 의견이 단번에 무시된 일 등등 크고 작은 사건들이 쌓여 부정적인 감정을 키우고 동기를 떨어뜨렸을 수 있습니다.

구성원 입장에서 한번 생각해보세요. 구성원이 회사에 입사한 이유가 사장님이 좋아서는 아닐 거예요. 회사에 대한 충성이나 애사심은 사장이 구성원에게 원하는 바일 뿐, 구성원이 회사를 선택한 이유는 성장과 인정입니다. 사장님이 이 점을 충분히 이해하고 채워주는지 꼭 점검해보세요.

조금 더 깊이 들어가 구성원이 맡고 있는 업무와 비전, 일하는 방식이 회사와 맞는지도 살펴봐야 합니다. 구성원에게 무조건 회사 방식에 맞추라고 강요하는 건 바람직하지 않습니다. 회사와 구성원을 각각 살펴보고 조율하고 개선해야 하는 영역이 분명히 있어요. 그중 대표적인 것이 과업입니다. 구성원은 자신의 과업을 해결하고 능력을 인정받으며 보람과 자존감을 느낍니다. 이것이 동기를 유지, 발휘하게 하는 핵심 원동력이에요.

이때 동기를 강화하기 위해 비교할 대상은 다른 누군가가 아니라 '과거의 나'입니다. 구성원의 의욕을 높이겠다는 마음에 구성원을 다른 사람과 비교하는 일은 금물이에요. 세 달, 한 달, 일주일 전 자신의 성취와 비교해 조금씩 나아가고 있는 모습을 발견할 때 더 잘하고 싶다는 의욕은 자연스럽게 생기죠. 구성원의 과업과 기한을 함께 명확히 하고, 혼자가 아니라 같이 만들어보자고 지지하며, 실패해도 괜찮다는 포용력을 기반으로 도전할 수 있는 환경을 갖춰줄 때 동기는 부활합니다.

'터널 시야'에서 '헬리콥터 시점'으로

구성원이 전체적인 회사의 흐름을 이해하지 못하고 자신의 일만 바라보는 '터널 시야' 상태라면 일에 대한 동기가 쉽게 떨어질 수밖에 없습니다. 선진적인 회사에서는 구성원이 '헬리콥터 시점'에서 큰 그림을 볼 수 있도록 돕습니다. 회사의 매출 구조와 전략적인 목표를 구성원이 이해하게 하고, 각자의 역할이 회사 전체에 어떤 영향을 미치는지 깨닫게 하세요. 이때 비로소 구성원은 자신이 회사라는 커다란 구조 안에서 중요한 역할을 맡고 있다는 자부심을 갖고 목표에 집중하게 됩니다.

터널 시야와 헬리콥터 시점의 차이

터널 시야 (Tunnel Vision)	헬리콥터 시점 (Helicopter View)
각자의 업무에만 집중	회사의 여러 사항이 돌아가는 상황을 파악하고, 그 안에서 자신의 역할을 이해하는 구성원
당장 오늘, 눈앞의 업무에만 집중	회사의 목표를 달성하기 위해 각 부서 간에 어떤 유기적인 협업이 필요한지 점검
일하는 이유도 모른 채 일단 쳐냄	각자 일의 의미와 영향력을 이해함으로써 스스로 동기 부여

동기는 부여하는 것이 아니라 '부활'시키는 것

제가 많은 사장님을 코치하며 깨달은 바에 따르면, 동기는 부여하는 것이 아니라 부활시키는 겁니다. 구성원 각자가 일하면서 겪는 작은 어려움들을 하나씩 해결해주고, 회사가 그들의 성장을 함께 고민하고 있음을 알려주는 순간 구성원은 신뢰를 쌓게 됩니다.

워크숍이나 동기부여 프로그램도 좋지만, 가장 중요한 것은 구성원의 입장에서 그들이 원하는 바를 채워주는 겁니다. 마음과 행동이 일치하지 않는 대화는 오히려 역효과를 불러옵니다. 일대일 면담이 좋다고 하고 이 회사 저 회사에서 다 실행하니 우리도 해봐야 하지 않겠느냐며 구성원들과 면담을 시도합니다. 그러면서 노트북 화면만 쳐다볼 뿐 여전히 구성원을 존중하는 태도를 보이지 않는다면 구성원이 사장님에게서 존중받는다고 느낄 수 있을까요? "다 듣고 있으니까 이야기해봐"라고 말할 때 그 앞에서 구성원은 무슨 말을 할 수 있을까요?

우리의 행동과 마음이 일치하지 않고, 내면에 사람을 존중하는 철학이 제대로 자리하지 않았다면 좋은 사장이 되는 것도, 명성을 얻고 유지하는 일도 불가능합니다. 진정한 리더는 작은 일부터 솔선수범하며 구성원을 존중하는 태도를 행동으로 보여줍니다. 이제 구성원에게 동기를 '부여'하는 대신, 입사 첫날 가득했던 그들의 의지를 '부활'시키는 사장님이 되어보시면 어떨까요?

실전 팁

구성원의 동기를 부활시키고 싶다면 다음 두 가지를 기억하세요.

1. 구성원의 평소 회사 생활에서 겪는 어려움을 이해하고 성장에 방해되는 요소를 제거하세요.

2. 자신이 회사에 기여하고 있다고 분명히 인식할 때, 구성원은 회사 일을 자기 일처럼 여기게 됩니다.

어떻게
권한을 위임하는가

맡길수록 커지는
책임 의식과 기업가 정신

구성원의 역량을 최대한으로 이끌어내 성과를 뛰어나게 만드는 마법 같은 방법이 있다면 믿으시겠어요? 바로 구성원에게 권한을 위임해 그들이 능력을 시험하고 자신의 한계를 발견하도록 하는 거예요. 경직된 프로세스와 절차에 따른 의사결정 방식은 급변하는 비즈니스 환경의 속도를 따라잡기 어렵습니다. 하지만 업무에 능숙한 구성원에게 일부 의사결정 권한을 부여하면 더 빠르고 효율적으로 결정을 내릴 수 있어요.

개인의 역량이 팀의 성장으로 이어지려면 역량 있는 구성원들이 규칙을 바탕으로 협업하고 소통하며 목표를 달성하는 과정이 필요합니다. 고성과 구성원들이 모인 조직일수록 팀의 협업이 중요하고요.

리드 헤이스팅스와 에린 메이어가 쓴 『규칙 없음』에서는 구성원 개개인의 책임과 권한이 분명하고, 각자 역할에 집중하며, 맡은 일을 집요하게 완료할 때 회사가 최소한의 규칙으로 운영될 수 있다고 말합니다. 다시 말해 구성원이 스스로 책임감을 갖고, 회사 목표에 헌신하는 문화를 만든다는 뜻이죠. 그러려면 회사는 구성원의 책임과 권한을 확실히 정하고, 팀원들이 자율적으로 움직일 수 있도록 지원해야 합니다.

미국 오하이오 주립대학교 교육학 교수 브루스 터크먼Bruce Tuckman 박사는 '터크먼의 조직 발달 단계' 이론을 통해 조직이 구

터크먼의 조직 발달 단계(팀 개발 모델)

● 구성원

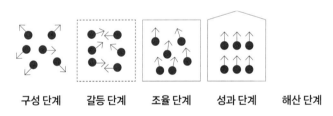

구성 단계　　갈등 단계　　조율 단계　　성과 단계　　해산 단계

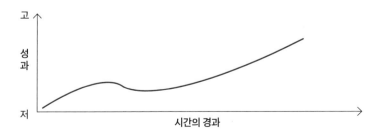

성 단계, 갈등 단계, 조율 단계, 성과 단계 그리고 해산 단계를 거치며 팀으로 발전해나가는 과정을 설명합니다. 조직은 팀으로서 기능을 발휘하기 위해 이 다섯 단계를 거치며, 그 결과 생긴 팀워크를 바탕으로 성과가 만들어집니다. 그럼 각 단계에서 팀 리더는 팀원들에게 어떻게 권한을 위임할 수 있을까요?

각 단계에서의 권한 위임 방법

1. 구성 단계

   팀원들이 서로 알아가고 팀의 목표와 방향을 설정하는 초기 단계입니다. 이 시기에는 리더가 주도적으로 방향성을 제시해야 합니다. 특히 작은 업무에 대한 위임이 중요한데 리더는 작은 업무나 역할을 위임해 구성원들이 각자의 역량을 파악하고 서로 신뢰를 쌓을 수 있도록 합니다. 가령 간단한 조사를 맡기거나 팀 회의에서 의견을 발표하도록 독려할 수 있습니다.

2. 갈등 단계

   팀원들 간 의견 차이와 역할 갈등, 리더십에 대한 도전 등이 생기기 시작하는 시기입니다. 터크먼이 정의한 모델에 따르면, 구성원들이 팀을 이뤄 일하는 구성 단계에는 어떻게든 성과가 나옵니다. 하지만 갈등 단계에 이르면 나이, 환경, 배경을 비롯해 여러 다양한 업무 방식 차이로 점차 의견이 대립할 수밖에 없어요. 이 시기 구성원은 협업하거나 조직의 중요 사안을 이해하지 않은 채 각자 자기 목표만 바라보며 자신만의 섬을 거대하게 만들어갑니다.

갈등 단계에서 리더는 갈등을 중재하며, 구성원들이 자신의 역할에 책임감을 느끼도록 권한을 분명히 위임해야 합니다. 예를 들어 특정 프로젝트의 책임자를 지정하고, 모든 의사결정을 책임자에게 맡기는 방식입니다. 갈등 상황에서는 리더가 직접 개입해야 할 수도 있습니다. 회사의 모든 일을 누가 어디까지 맡는지 정교하게 정해두지 않더라도 팀에서 새롭게 진행하는 일에 대해서는 기한과 방식, 규칙, 역할 등을 약속해야 갈등 단계에서 조율 단계로 옮겨 가 성과에 어느 정도 속도가 붙을 수 있습니다.

3. 조율 단계

팀이 갈등을 극복하고 협력 방법을 익히며 안정되는 단계입니다. 팀원들은 각자의 강점과 약점을 이해하고, 협력하는 방법을 익히게 됩니다. 이 단계에서 리더는 팀원들이 스스로 문제를 해결하도록 독려하며, 점차 더 많은 자율성을 부여합

니다. 팀 회의에서 리더 대신 다른 팀원이 주도하도록 할 수
도 있죠. 팀이 목표를 스스로 설정하고 전략을 개발할 수 있
도록 권한을 위임하는 것이 중요합니다. 이 과정에서 리더는
팀원들이 자율적으로 작업할 수 있는 환경을 제공하면서도
필요할 때 조언을 제공하는 역할을 합니다.

4. 성과 단계

팀이 성숙해 높은 성과를 내는 단계로, 리더는 팀원들에게
최대한 자율성을 주어 각자 자신만의 방식으로 목표를 달성
하도록 돕습니다. 터크먼에 따르면 이 과정이 반복될 때 팀
이 최종적으로 정비될 수 있습니다. 팀원들이 자신의 업무를
스스로 관리하고, 리더는 방향성만 제시하는 수준으로 역할
을 축소할 수 있어요. 리더가 팀 전체의 전략적 결정 권한도
팀원들에게 위임할 수 있습니다. 가령 구성원들이 프로젝트
우선순위를 스스로 정하고 자원을 배분하도록 권한을 위임
하는 식으로요.

5. 해산 단계

프로젝트나 과업이 완료되고 팀이 마무리 단계에 접어드는
시기입니다. 팀원들이 서로 성과를 평가하고 피드백을 주고
받도록 자율성을 주며, 향후 과제의 후속 팀 구성에도 권한

을 부여합니다. 이는 팀원들이 자신의 경력을 적극적으로 관리하도록 하는 데 도움이 됩니다.

터크먼 모델의 각 단계에서 권한 위임의 방식은 팀의 성숙도와 기능에 따라 달라집니다. 초기 단계에서는 리더가 주도적으로 팀을 이끌며 작은 역할을 위임하지만 팀이 성숙함에 따라 점차 더 큰 자율성과 권한을 팀원들에게 부여하게 됩니다. 조율 단계 이후에는 팀원들이 최대한 자율적으로 작업할 수 있도록 권한을 위임하는 것이 이상적입니다. 이 단계적 권한 위임은 팀의 성과와 효율성을 극대화하는 데 중요한 역할을 합니다.

심리적 안정감과 권한 위임의 중요성

우리는 사장으로서 구성원에게 오너십ownership, 다시 말해 주인 의식을 기대합니다. 하지만 회사의 주인이 아닌 구성원이 회사에서 주인 의식을 갖기는 어려워요. 구성원이 회사 일을 자신의 일이라고 느끼게 하려면 스스로 방향점을 정해 자신이 정한 바를 이루고, 그 일에 책임감과 성취감을 느끼는 과정을 온전히 경험해야 합니다. 주인 의식과 비슷한 말로 '기업가 정신'entrepreneurship이 있는데요, 이는 혁신적인 마인드로 스스로 리스크를 안고 자신의 한계를 뛰어넘는 성과를 창출하는 동기를 스스로 부여하는 정신을 말해요. 구성원이 회사에서 이런 마음가짐을 갖고 회사 일을 내 일처럼 하려면 권한을 가져야 하고, 회사에서 구성원에게 권한을 위임하려면 리더와 구성원 사이에 심리적 안정감이 먼저 자리해야 합니다.

회사에서 심리적 안정감이 무엇보다 중요하다는 사실을 알린 사례가 있죠. 바로 2012년부터 2016년까지 구글에서 야심차게 준비하고 실행한 일명 '아리스토텔레스 프로젝트'Project Aristotle입니다. 구성원들이 행복하게 일할 수 있는 환경을 만들기 위해 해마다 상당한 비용을 들이는데도 2010년 이후 구글의 인당 순이익 기여도는 갈수록 하락했습니다. 다시 말해 인당 생산성이 떨어진 거죠. 구글은 사태를 심각하게 받아들이고 생산성을 올리기 위해 이 프로젝트를 시작하고 조직의 복잡다단한 문제들을 살펴봤습니다. 4년에 달하는 연구 결과 구글은 팀의 생산성을 높이는 가장 중요한 요인이 바로 회사 내 심리적 안정감이라는 사실을 발견했어요. 회사에서 구성원에게 권한을 주고 실패를 너그러이 용인하는 문화가 만들어지면 구성원은 주저하지 않고 새로운 아이디어를 제시하고 과감히 실행했습니다. 심리적 안정감을 바탕으로 새롭게 배우고 조직에 기여하면서 구성원은 선순환적 업무 성과를 만들게 돼요. 이런 흐름은 대기업뿐 아니라 중소 규모 회사에도 동일하게 적용됩니다.

또 하나 중요한 것은 심리적 안정감이 비단 사장이 구성원에게만 제공해야 하는 것은 아니라는 점입니다. 소신을 밝히고 과업이나 문제에 관해 일상적으로 대화할 수 있는 업무 환경이 구성원에게 중요한 만큼 사장에게도 구성원들이 필요한 이야기를 바로바로 공유해 문제를 키우지 않고, 활발하게 소통하며 우선순위를 합의하는 업무 환경이 필요해요. 다시 말해 리더가 불안해하지 않도록 먼저 업무가 문제없이 진행되고 있다고 규칙적으로 꾸준하게 알리는 것도 팔로어로서 매우 중요한 의무입니다.

'기분을 나르는 택시'로 불리는 일본의 MK택시에서는 모든 구성원이 심리적 안정감을 바탕으로 스스로 권한과 책임을 갖고 있습니다. 택시 요금에는 친절한 서비스의 비용이 포함되어 있다는 믿음으로 만약 택시 기사가 손님에게 인사하지 않으면 택시 요금을 받지 않는 정책을 시행하고, 여성과 노약자를 위해 맞춤형 서비스를 제공하는 등 구성원이 조직문화와 브랜드를 이끌어가죠. 이렇게 구성원이 자발적으로 조직의 가치를 향상시키자 전 세계에서 이 가치를 공유하고자 하는 공동 마케팅 제안이 쇄도하기도 했어요. 조직에서 손님에게 친절해야 한다고 강조한다고 해서 구성원이 친절해지는 건 아니에요. MK택시는 우리가 친절해야 하는 이유, 친절함도 우리의 대가에 포함되어 있는 당연한 의무임을 모든 구성원에게 이해시키며 기업의 철학과 정신을 일상적인 과업에서 실천하게 한 모범적인 사례입니다.

권한 위임의 핵심은 구성원이 주인의식을 가지게 하는 겁니다. MK택시와 같이 심리적 안정감을 기반으로 권한을 부여하면 구성원은 자신의 역할에 충실하고, 회사를 위한 아이디어와 노력을 스스로 제안하게 됩니다. 또 구성원이 마음 편히 자신의 의견을 낼수 있는 환경이 마련될 때, 회사는 발전과 성과를 더욱 강화할 수 있습니다.

조직에서 권한 위임에 어려움을 겪고 있다면 먼저 구성원이 회사나 상사, 사장에게 심리적 안정감을 느끼고 있는지 확인해보세요. 권한을 위임할 때 중요한 것은 형식적인 지시보다 구성원들이 자신의 책임과 권한을 충분히 이해하고 실행할 수 있는 환경을 조성하는 겁니다. 이때 반드시 바탕이 되어야 하는 점이 구성원에 대한 믿음이에요. 아사노 스스무가 쓴 『일을 잘 맡긴다는 것』에 따르면 신뢰란 위험을 감수하고 상대를 무조건 믿는 일입니다. 특정한 조건이 뒷받침되어야 하는 믿음인 신용과는 다르다고요. 회사와 리더가 구성원을 믿고 지지할 때 구성원은 회사에 기여하고 있다고 느끼며 일에 몰입하게 됩니다.

구성원에게 권한을 부여하는 제도와 원칙을 만들기 위해 제가 모든 사장님들께 가장 먼저 제안드리는 방법은 '모임'입니다. 좋은 제도와 프로그램, 원칙을 마련하기 위해 꼭 값비싼 교육이나 컨설팅을 받아야 하는 건 아니에요. 회사의 모든 구성원이 한데 모여 다음 순서에 따라 결정하면 대부분 잘 실천되고 결과도 좋습니다.

1. 우리 회사의 진짜 문제가 무엇인지 함께 목록으로 만들고, 문제를 해결해야 하는 순서대로 정리합니다.
2. 문제를 어떻게 해결할지 아이디어를 모읍니다. 터무니없어 보이는 생각도 좋아요. 정해진 시간 안에 모두 참여한다는 규칙 아래 모든 의견을 함께 적어내려가며 활발하게 이야기 나눠보세요.
3. 담당자를 정해 아이디어를 회사 안팎에서 리서치한 다음 정교하게 다듬습니다.
4. 다듬어진 아이디어를 누가, 무엇을, 왜, 언제까지, 어떻게 해결할지 명확히 정하고 최고 경영진이 발표합니다.
5. 짧은 기간 안에 만들어낼 핵심 결과가 무엇인지 최종 의사결정권자인 사장님이 편견 없이 들은 다음 재무적, 시간적인 사

항을 지원해줄 경영진을 지정하고 지지합니다. 이때 누가, 무엇을, 언제까지, 얼마만큼 승인하는지, 그 이유는 무엇인지를 모든 구성원이 납득할 수 있도록 합리적이어야 해요. '만들어보자'가 아니라 '테스트해보자'라는 마음으로 작은 시도를 지지해주는 일이 중요하죠. 이제 고객도 구성원도 결과물을 완성해 통보하기보다는 '함께' 만들어가며 부족한 점을 채워가는 방식을 더 선호하니까요.

때로는 우리가 만든 규칙을 스스로 깨뜨려야 하는 순간도 찾아옵니다. 약속한 규칙은 지켜나가는 것을 원칙으로 하되, 사장님을 포함해 예외가 있다면 소규모 회의 집단을 만들어 원칙을 예외해야하는 이유와 배경을 기록해 추후 문제가 되지 않도록 준비해두세요. 회사에서 권한과 의사결정의 영역이 명확해지면 회사의 원칙이 개개인의 직관보다 중요해지고, 예외 경우는 판례가 되므로 사실, 그리고 공정한 사례를 바탕으로 의사를 결정하고, 회사의 원칙을 납득하도록 잘 설명할 때 구성원들은 공정함을 추구하는 회사를 더욱 신뢰하게 될 겁니다.

실전 팁

구성원에게 작은 역할부터 차근차근 맡겨보세요. 자율성을 가진 구성원이 자신의 책임감을 깨닫고 성장할 수 있도록 기회를 제공하세요. 실패하더라도 다시 시도할 수 있는 분위기를 조성하고, 실수를 통해 배울 수 있도록 지원하는 환경을 만드는 것이 중요합니다.

사장이
의사결정을
위임해야 할 때
문제에 대한 전문가를 찾아라

이 장을 시작하기에 앞서 하나의 특성을 이해하길 바랍니다. 독보적인 성과를 내는 많은 회사의 공통된 특징은 바로 사장의 자기확신이 지나치지 않다는 점입니다. 자기 뜻만 고집하지 않고, 구성원들의 의견을 적극적으로 수용할수록 혁신적인 조직이 될 가능성이 높아지며, 기발한 아이디어와 놀라운 제품들이 탄생하게 되죠. 여기서 말하는 '자기 확신이 낮다'는 건 결코 우유부단하거나 구성원 의견에만 의존한다는 의미가 아닙니다. 조직에서 많은 사람의 의견이 한 방향으로 모일 때 이를 바탕으로 결정을 내릴 줄 아는 균형 잡힌 태도를 지녔다는 뜻이죠.

의사결정을 내리는 방식에는 크게 세 가지가 있습니다. 첫째는 여러 의견 중 자신의 결정을 고수하는 방식이고, 둘째는 다양한 의견을 충분히 듣고 자신의 소신을 더해 결정하는 방식, 셋째는 어떤 의견도 구하지 않고 독단적으로 결정하는 방식입니다. 이 중 가장 효과적인 방식은 두 번째로, 다른 의견을 충분히 수용하고 최종적으로 자신이 최선이라 여기는 방향을 선택하는 거죠. 리더이자 창립자인 사장님들은 자신의 아이디어로 조직을 만들고 성장해왔기 때문에 대부분 자기 확신성이 매우 높습니다. 그러니 모든 의사결정의 최종 단계에서 가부를 결정하려는 분이 많고요.

예를 하나 들어볼게요. 한 사장님은 엔지니어 출신으로 기술 기반의 제품을 성공적으로 출시하며 회사를 이끌어왔습니다. 기술과 고객에 대한 깊은 이해 덕분에 회사가 안정적으로 성장할 수 있었죠. 하지만 이 사장님이 기술 전문가라고 해서 인사, 마케팅, 디자인, 제조 등 모든 분야에 대해 동일한 수준의 판단을 할 수 있을까요? 자신의 전문 분야가 아닌 인사 정책, 채용, 마케팅, 브랜딩 등에는 사장님도 문외한인 경우가 많아요.

회사가 커지다 보면 각 분야의 파이가 커지며 결정해야 하는 일이 기하급수적으로 늘어납니다. 이때 자신의 전문 분야를 넘어서는 부분에서 현명한 결정을 내리기 위해 해당 분야의 전문가들에게 최대한 묻고 듣는 자세가 사장에게는 필요합니다. 이런 마음을 갖지 않으면 사장은 독자적으로 모든 결정을 내려야 한다는 오류에 빠지게 됩니다. 잘 모르는 분야에서 자신의 취향이나 직감에 따라 의사결정을 내려 조직에 부정적인 영향을 미칠 수 있어요.

또 다른 예를 들어볼까요? 한 화장품 회사의 사장님은 화학 분야 전문가로, 사장님이 직접 아이디어를 현실화해 매년 세계적으로 매출을 올리고 있습니다. 나날이 성장하는 회사 규모에 맞춰 다양한 제품을 출시하기 위해 유능한 디자이너들이 고객 만족도와 트렌드를 조사하고 디자인을 제시하면 사장님은 매번 반려했어요. 사장님 취향이 아니었기 때문이죠. 결국 사장님은 자신의 취향에 따라 디자인 결정을 고수했고, 화장품 품질은 뛰어나지만 심미적인 면에서 고객에게 어필하지 못해 판매에 어려움을 겪게 되었습니다. 브랜드 전략에 실패한 셈이죠. 이처럼 자신의 전문성이 부족한 영역에서는 전문가의 의견을 존중하고 그들에게 의사결정을 맡기는 것이 오히려 더 나은 결과를 가져올 수 있습니다. 지금 이 순간에도 전문성을 기반으로 한 훌륭한 제품이 쏟아져 나오고 있으니까요.

의사결정 과정에서 중요한 것은 사실과 타당성에 근거해 평가하는 겁니다. 한번 생각해보세요. 여러분은 의사결정 시 다른 사람의 의견을 진심으로 듣고 계신가요? 구성원이 사장과 다른 의견을 내는 데는 그만한 이유가 있습니다. 의견의 반영 여부보다 중요한 건 그 이유를 들으려는 의지와 태도예요. 본질적인 이유를 파악하고, 그런 뒤에도 납득되지 않으면 나의 이유를 설명해야 합니다.

사람은 자신이 경험한 틀 안에서 판단하기 때문에 '내가 최고'라는 생각에 갇히면 객관적으로 판단할 기회를 놓치기 쉽습니다.

많은 사장님이 '내가 사장이니 내가 제일 잘 알아' 혹은 '내가 본 것, 내가 아는 게 맞아'라고 생각하는 오류를 범해요. 자신이 모든 면에서 전문가일 수는 없다는 사실을 인정할 때 한 단계 올라설 수 있는데 말이죠. 자기 확신성을 갖추고, 각 분야 전문가에게 문제 해결을 맡기세요. 양방향으로 소통하고, 타당한 쪽의 손을 들어주세요. 의사결정 시 모든 사람의 의견이 반드시 일치할 필요는 없습니다. 다수결로 결정하는 것도 언제나 옳지는 않아요. 결정은 항상 전문성을 갖춘 사람들이 모여 '문제의 본질'을 바라보고 이뤄져야 합니다.

앞선 사례들과 반대되는 예로, 한 사장님은 자기 전문 분야가 있으며 그 분야로 성공할 수 있다는 확신이 있는데도 좋은 리더가 되고 혁신적인 조직을 만들기 위해 자기 확신성을 낮췄습니다. 그

래야 성공할 수 있다고 믿었기 때문이죠. 사장님은 여러모로 성공할 수 있으리라는 확신이 있는데도 구성원들이 반대한다는 이유로 의사결정 시 자기 소신을 자주 내려놨습니다. 훌륭한 리더상을 가지고 좋은 리더가 되기 위해 자기 확신성을 낮추려 시도한 점은 높이 삽니다. 하지만 핵심은 '누가 전문가인가'예요. '전문성과 여러 정보에 대한 고려'라는 본질에 집중하지 않고 '좋은 리더' '구성원 존중' 등의 가치를 좇다 보니 진짜 문제에 집중하지 못한 채 소신을 확신으로 가져가지 못했습니다. 사장이 높은 전문성을 지녔더라도 좋은 리더상이라는 틀에 갇히고 의사소통에 스트레스를 받는다면 자신의 뜻을 실현할 수 없습니다. 결국 확신이라는 것은 구성원들의 다양한 의견에 귀를 기울이고, 고객 만족을 획득하며, 전문성을 갖추지 않고서는 얻기 어렵습니다.

'회사를 이끈다'라는 추상적인 말을 달리 표현하면 매 순간 매 초 의사를 결정한다는 말일 겁니다. 사장의 일상은 곧 의사결정의 일상이며, 사장의 소통 습관은 곧 회사의 소통 습관입니다. 위계를 떠나 어떤 의견이든 있는 그대로 이야기할 수 있다면 그 회사는 좋은 회사예요. 결정해야 할 때면 사장이라는 직함을 잠시 내려놓으세요. 주어를 고객, 목적어를 고객의 진짜 문제로 삼고 고객이 우리를 통해 얻고자 하는 것이 무엇인지 정확하게 파악할 때 고객의 머릿속으로 들어가 회사에 가장 좋은 결정을 내릴 수 있습니다.

실전 팁

사장 스스로 자신이 어떤 분야의 전문가인지 알아야 합니다. 그런 다음 문제에 따라 과감히 전문가에게 의사결정을 위임해보세요. 사장님이 전문가라면 본인의 의사결정을 믿어야 합니다.

팀원들에게
최악인 팀장

사장은 부정적 리더십을
관리해야 한다

사장을 늘 존중하고 따르며, 지시를 정확히 이해해 여러 번 설명할 필요 없고, 맡은 일을 기한이 되기도 전에 우수하게 완료하고, 고민되는 일의 해결책을 물었을 때 대안까지 서너 개씩 준비해오는 완벽한 팀장. 이런 팀장이 곁에 있다면 사장으로서는 든든하고 흡족할 겁니다.

실제로 한 중소기업 사장님에게는 이런 믿음직한 팀장이 있었습니다. 팀원을 열 명 넘게 관리하며, 업무 능력도 뛰어나고 사장에게 늘 성실히 대하는 그 팀장은 사장님에게 특별히 신임을 받고 있었죠. 그런데 어느 날 이 팀장의 팀원 중 한 명이 사장님을 찾아왔습니다.

박 대리　사장님, 실례합니다. 잠깐 시간 괜찮으십니까?

사장　　그럼요. 어서 앉아요.

박 대리　시간 내주셔서 고맙습니다. 긴히 드릴 말씀이 있어서요.

사장　　그래요. 무슨 일이죠?

박 대리　저… 퇴사하기로 마음먹었습니다. 오래 고민했는데, 이제 더는 버티기 어렵습니다.

사장　　음, 무슨 일 있어요?

박 대리　저희 팀장님 때문입니다. 사장님께 팀장님을 고발하려는 게 아니라, 그저… 팀장님과 한팀으로 지내면서 오랫동안 괴로웠습니다.

사장　　좀더 자세히 말해줄 수 있어요?

박 대리　팀원들에게 막말하고 하대하고 무시하면서 모멸감을 느끼게 하는 건 일상적이고, 급하게 업무를 지시해서 몇 날 밤을 지새워 준비하고 보고하면 제가 한 일을 팀장님이 한 것처럼 사장님께 보고하는 일도 잦았습니다. 한동안은 이런 상사도 있고 저런 상사도 있다는 생각으로 참았는데 이제 제가 견딜 수 있는 정도를 한참 넘어섰습니다. 몇 달째 병원도 다니고 있는데 근본적인 원인을 없애지 않고는 나아지지 않을 것 같습니다.

박 대리의 이야기를 들으며 사장님은 한동안 어안이 벙벙했습니다. 자신이 믿어온 팀장, 늘 자신에게 공손하고 살갑게 구는, 그토록 신뢰했던 팀장이 사실은 팀원들에게는 전혀 다른 모습으로 비춰지고 있었다니 말이죠. 사장님은 모든 이야기를 당장 사실로 받아들이기 어려웠지만 우선 팀원에게 그동안 마음고생 많았겠다며, 이 일을 어떻게 해결하면 좋을지 고민해볼 테니 조금만 시간을 달라고 부탁하고 돌려보냈습니다.

며칠에 걸쳐 사장님은 박 대리에게 들은 이야기를 곰곰이 생각했습니다. 팀장의 입장을 들어보기도 전이기는 하지만 돌아보니 팀장에 관해 아는 것이 별로 없다는 생각이 들었어요. 업무를 보고받거나 회의할 때만 마주할 뿐 팀장이 팀원들과 함께 있는 모습을 살펴본 기억은 드물었죠. 팀원의 이야기가 모두 사실이고 다른 구성원들도 팀장 때문에 같은 괴로움을 겪고 있다면 팀장을 정리해야 마땅할 테지만 작은 조직에서 팀원을 열 명이나 관리하고 있는 팀장을 내보내면 당장 구성원을 관리하기 어려워지고, 10년 이상 굵직한 업무를 맡아온 터라 매출에도 영향이 클 터였습니다. 사장님은 혼란스러웠습니다. 그냥 놔둘 수도 쉽게 건드릴 수도 없는, 건드려도 문제이고 건드리지 않아도 문제인 암 덩어리 같은 사안이었죠. 사장님은 어떻게 하면 좋을까요?

팀원들에게 최악의 리더십 문제 해결 방법

구성원들의 의견을 두루 들어라

사장에게는 최고의 리더, 구성원들에게는 최악의 리더에 관한 문제라면 우선 구성원들의 의견을 두루 들어보시기 바랍니다. 한 팀원에게 팀장의 문제에 대해 들었다면 다른 팀원들은 그 팀장을 어떻게 생각하는지 알아보는 거예요. 그런 다음 유관 부서나 다른 팀 구성원들의 이야기도 들어보세요. 한쪽 이야기를 전체 의견으로 단정해 억울한 일이 생기면 안 되니까요. 팀장이나 팀원 누구에게도 불이익이 가지 않도록 열린 대화의 시간을 마련해 구성원들의 솔직한 생각을 듣는 것이 중요합니다. '우리가 뭐라고 해도 사장님은 팀장님만 좋아해' '사장님은 우리 의견에는 관심 없어'라고 치부하지 않도록 말이죠. 이를 통해 사장은 문제의 진위와 정도를 파악할 수 있습니다.

객관적인 평가 도구 활용하기

두 번째 방법은 외부 기관의 전문적인 지원을 활용하는 겁니다. 간단한 외부 설문조사나 다면평가를 모든 팀장에게 실시해 리더십의 현재 수준을 파악하고, 회사 차원에서 전면적으로 개선해야 할 점이 무엇인지 진단받아보세요. 이런 방법은 특정 인물을 표적으로 삼지 않으면서도 문제를 진단하는 데 효과적입니다. 평가 결과

를 바탕으로 팀장에게 피드백을 제공하고, 개선할 방향을 구체적
으로 제시할 수 있습니다.

팀장의 리더십 개선을 지원하라

팀장과 팀원 사이에 갈등이 있다면 빠르고 적절하게 조치해 회사
와 구성원의 손해를 막아야 합니다. 궁극적으로 팀장이 자기 문제
를 알고 있는데도 고치려고 노력하지 않고, 사장이나 여러 이해관
계자의 이야기에 귀 기울이지 않는다면 과감하게 교체해야 하고
요. 반대로 팀장이 자신에게 어떤 문제가 있는지 전혀 알지 못한
다면 리더십 스킬을 교육하거나 피드백을 제공해 개선할 기회를
줘야 합니다. 이때도 역시 기간과 내용을 분명히 정하는 것이 중요
해요. 어느 정도의 기간 안에 어떻게 개선할지 약속하고, 팀장이
성장하고 팀원들의 신뢰를 회복하도록 사장이 곁에서 도와야 합
니다.

한 회사에서는 실제로 팀장의 문제를 방치해 커다란 사태로 번
진 일이 있습니다. 팀장의 리더십이 부족해 구성원들에게서 불만
이 넘쳐나는데도 회사에서는 팀장이 일을 잘한다는 이유로 이 문
제에 아무 조치도 취하지 않았습니다. 시간이 지날수록 팀장의 안
하무인한 태도는 심해졌고 팀은 물론 유관 부서도 함께 일하기를
꺼렸죠. 조직의 많은 구성원이 이 팀장과 일할 수 없다고 찾아와
알리는데도 사장은 움직이지 않았고, 결국 팀원들은 단체로 사직

서를 제출하기 시작했습니다. 소셜미디어에도 회사를 비난하는 글이 잇따랐어요. 팀장 한 사람 때문에 조직문화는 최악으로 치달았고, 이는 곧 회사를 대변하는 문화가 되어 외부 인재들이 지원을 고려했다가도 온라인상의 평판을 보고 돌아서는 일이 늘었습니다.

사장님은 뒤늦게 자신의 불찰을 깨닫고 이 팀장을 정리하기로 결정했습니다. 문제는 팀장이 사장에게 충직했던 입사 초기와는 많이 달라졌다는 점이었습니다. 수년간 사장에게 성과를 인정받고 금전적인 보상을 받으며 원하는 대로 지내온 팀장은 사장의 결단에 불만을 품고 퇴사 통보가 불공정하다고 노동부에 소송을 제기했어요. 회사와 구성원들을 지키는 한편 소송도 취하해야 했던 사장님은 위로금으로 상당한 비용을 지출하며 이 팀장을 내보낼 수밖에 없었습니다. 팀장은 회사를 떠나면서도 자신은 늘 사장에게 충직했고 업무 성과도 뛰어났는데 부당하게 해고당했다고 억울해하며 사장님을 비난했어요. 늦게나마 옳은 결정을 내렸지만 조직에 생긴 부정적인 감정은 쉬이 사그라지지 않았고, 사장님은 구성원들에게 인정과 감사를 받기는커녕 무능한 관리자로 낙인 찍혔습니다.

팀장의 문제를 방치하면 리더십에 대한 팀원의 불만은 회사에 대한 불만으로 번지고, 회사에 대한 불만은 동기 저하로, 동기 저하는 창의성과 생산성 저하로 이어집니다. 창의성과 생산성이 떨어지면 팀장과 팀원의 갈등은 심화되며, 협력과 효율성이 줄고 조직무화까지 손상됩니다. 업무 환경이 훼손되면 인재들은 결국 회사를 떠나죠. 하나둘 퇴사하는 동료들을 보면서 낙관적인 마음으로 일할 수 있는 구성원이 얼마나 될까요?

팀장의 잘못이 사장의 잘못은 아닙니다. 하지만 사장이 부정적인 리더십을 관리하지 못하면 구성원들은 회사의 의사결정이나 전략을 지지하지 못하고, 기업은 경쟁력을 상실하며 시장에서 밀려나게 됩니다. 부정적인 결과를 막고 회사의 성과를 개선하려면 사장에게는 입속의 혀처럼 굴면서 팀원에게는 지지받지 못하는 팀장에 대해 신속하고 적절하게 조치해 위기를 성장의 기회로 바꿔야 합니다. 다양한 제도를 도입해 팀장의 감정을 손상시키지 않으면서 진짜 문제를 빠르게 해결할 수 있도록 도와주세요. 변화는 불편한 겁니다. 불편함과 친해져야 진정으로 좋은 리더가 될 수 있다는 사실을 깨닫도록 팀장 입장에 서서 변화의 의지를 북돋워주세요.

실전 팁

구성원들에게 부정적인 영향을 미치는 리더가 없는지 주기적으로 점검하세요. 문제의 원인을 파악하고 더 나은 리더로 변모시킬 기회인지, 아니면 정리할 기회인지는 사장이 신속히 판단해 대응하는 것이 중요합니다.

가족 경영 회사라면 이렇게

역할과 권한을 구분하는 프로세스를 만들어라

가족 구성원이 함께 회사를 운영하는 건 세계적으로 흔한 일입니다. 가족 경영은 가족 구성원이 회사에 헌신하고 의사결정이 빠르다는 장점이 있지만 가족 사이에 갈등이 있거나 이해관계에 불균형이 생기면 회사의 성장은 물론 안정성까지 위협받기 쉽다는 단점도 존재합니다. 이번 장에서는 가족이 함께 경영할 때 반드시 고려해야 할 요소들을 살펴봅니다.

가족 경영으로 생긴 어려움 탓에 성장하지 못하고 정체해 있거나 쇠락하는 회사를 많이 봅니다. 가족 경영이 원활하지 않은 이유는 대개 가족과 회사 간의 역할과 책임이 불명확한 데 있습니다. 특히 주요 의사결정을 내릴 권한이 누구에게 있는지가 명확하지 않아 갈등과 불신이 커지곤 하죠.

2014년 대한항공에서 발생한 '땅콩 회항' 사건은 가족 경영 체제에서 가족 구성원들의 역할과 책임이 명확하지 않아 발생한 문제가 잘 드러난 사례입니다. 당시 가족 구성원이었던 부사장은 항공기 이륙 전 기내 서비스에 불만을 품고 비행기를 되돌리는 극단적인 행동을 했습니다. 가족 구성원이 자신의 역할을 넘어선 권한을 행사한 거였죠. 당시 부사장의 권한 남용은 조직에 혼란을 초래하고, 구성원들이 가족 구성원의 권위를 지나치게 의식하면서 업무를 수행하는 데 부담을 느끼게 했습니다. 이로 인해 조직의 사기가 저하되고, 기업 이미지에도 큰 타격을 입었고요. 이 사건 이후 대한항공은 내부적으로 변화를 시도했습니다. 가족 구성원의 경영 참여에 대해 직무 설명과 권한 범위를 명확히 규정함으로써 권한 남용을 방지하고, 경영의 투명성을 강화하고 외부 전문가를 이사회에 포함시키며 경영상 중요한 결정에 감시와 견제를 강화했습니다. 권위주의적인 분위기를 탈피하고 의사소통을 좀더 수평적으로 바꾸려 시도하며 조직문화 또한 개선하기 위해 노력했고요. 이런 조치들로 대한항공은 사건 이후 신뢰를 회복하고, 투명하고 책임감 있게 경영되기 시작했습니다.

저 역시 비슷한 사례를 컨설팅한 적 있습니다. T사는 중소 제조 업체는 창업주와 두 아들이 주요 경영진으로 참여하고 있었습니다. 회사는 창업주의 리더십 아래 성장해왔지만 아들들이 회사 경영에 점점 더 깊이 관여하면서 문제가 발생하기 시작했어요. 두 아들은 각자 다른 부서를 담당했지만 역할과 책임이 명확히 구분되지 않아 상대의 영역에 간섭하거나 중복된 결정을 내리는 경우가 늘었습니다. 그러자 구성원들은 누구의 지시를 따를지 혼란스러워했고, 이로 인해 업무 효율성이 떨어지고 프로젝트가 지연되는 일이 잦아졌죠. 게다가 창업주의 영향력이 막강해 평소에는 이따금 사업에 개입하다 그 길이 아니라는 판단이 들면 모든 프로세스를 원점으로 돌리거나 중지시키고, 방향을 바꾸기도 했습니다.

구성원들은 경영진 간의 갈등과 혼란스러운 지시에 피로감을 느끼기 시작했습니다. 누구의 결정이 우선인지 불명확해 업무를 수행하기 어려웠고, 사기를 떨어뜨렸죠. 이 문제가 공론화되자 경영진은 서로 책임을 떠넘기기 바빴고 문제는 해결될 기미가 보이지 않았습니다. 구성원들이 회사에 느끼는 신뢰도는 곤두박질쳤어요.

이 문제를 해결하기 위해 가장 먼저 경영 구조를 재편성했습니다. 경영진 각자의 역할과 책임을 명확히 정의할 필요가 있었죠. 그래서 두 아들이 각자 담당하는 부서와 업무 범위를 명확히 구분하고, 상대의 업무 영역에 개입하지 않도록 지침을 마련했습니다. 또한 창업주의 권한 위임과 개입 원칙을 마련하고, 이 원칙을 지키겠다는 합의문을 구성원과 공유해 경영진의 변화 의지도 직접 보여줬습니다.

다음으로는 중복된 결정을 방지하기 위해 의사결정 프로세스를 개선했어요. 모든 중요한 결정은 사전에 협의해 명확한 한 가지

지시 내용으로 전달되도록 절차를 강화했습니다. 또한 같은 문제가 재발하지 않도록 경영진 간의 정기적인 회의를 마련해 각자의 계획과 문제를 공유하고 협력하는 문화를 조성했습니다. 이를 통해 내부 갈등을 줄이고, 회사의 방향성을 일관되게 유지하도록 했죠. 이런 조치들은 회사 내 혼란을 줄이고, 구성원들의 신뢰를 회복시키는 데 큰 도움이 되었습니다. 역할과 책임이 명확해지면서 업무 효율성이 크게 향상되었고, 회사는 다시 성장 궤도에 오를 수 있었어요. 이 사례는 대한항공 사례와 마찬가지로 규모와 상관없이 가족 경영 회사에서 역할과 책임을 명확히 구분하는 일이 얼마나 중요한지 잘 보여줍니다.

앞서 살펴본 경영 사례와 마찬가지로 가족 경영 회사에서도 원년 멤버인 가족 구성원들과 신규 구성원들 사이의 대립이 문제가 될 수 있습니다. 가족 경영으로 시작해 기업 규모가 커지고 새로운 구성원을 많이 영입해도 원년 멤버들은 자신들이 헌신해 기업을 성장시켰기에 자부심과 보상 심리를 지니기 마련입니다. 원년 멤버들은 자신의 노고를 보상받기 바라고 외부에서 영입된 인재들은 좀 더 공정한 평가를 바라면서 가족인 구성원과 가족 아닌 구성원이 대치할 수 있어요.

B사는 창업주와 그의 딸이 경영하는 IT 기업으로, 창업주의 딸과 비가족 구성원인 C씨 간의 갈등이 회사 전체로 확산되고 있었

습니다. 회사가 성장하면서 비가족 구성원인 C씨가 핵심 기술 개발을 담당하며 중요한 인물이 되었지만 시간이 지나면서 창업주의 딸과 C씨 사이에 자원 배분과 회사의 전략적 방향에 대한 의견 차이로 갈등이 생겼습니다. 창업주의 딸은 마케팅과 홍보에 자원을 더 많이 투입하려 했고, C씨는 기술 개발을 우선해야 한다고 주장하면서 충돌이 빈번해졌죠. 이로 인해 회사 내부에서는 가족 구성원과 비가족 구성원 간의 갈등이 심화되었고, 조직 내 다른 구성원들까지 분열되는 상황이 발생했습니다.

갈등이 심화되자 창업주는 문제를 해결하기 위해 제게 컨설팅을 의뢰했습니다. 이 과정에서 가족 구성원과 비가족 구성원의 역할을 명확히 재정립해 창업주의 딸은 재무와 마케팅에, C씨는 기술 개발에 전념하도록 역할을 나눴습니다. 또한 회사의 의사결정 구조를 개선해 중요한 결정이 모두 투명하게 논의되도록 했으며, 특히 기술 개발 관련 결정에서 C씨의 의견이 우선적으로 고려되도록 했습니다. 정기적인 중재 회의도 도입해 양쪽의 입장을 조정하고 회사 내 소통을 강화하면서 갈등을 예방하고 조직 결속력도 높였죠. 이 조치로 B사는 내부 갈등을 해결하고, 가족 구성원과 비가족 구성원이 협력할 수 있는 환경을 만들었습니다. 각자의 역할이 명확해지자 각 부서가 맡은 목표에 집중할 수 있게 되었고, 회사의 생산성과 사기도 회복되었어요. 소규모 가족 경영 회사에서는 이해관계가 충돌할 때 역할 분담과 의사결정 구조를 명확히 하고, 중재를 통해 문제를 해결하는 방법이 효과적입니다.

실제로 가족 경영 회사에서는 사장의 가족 구성원과 함께 일하는 경우 의견이 충돌해 갈등이 생기는 데 대한 두려움이 있을 수밖에 없습니다. 이런 요소는 업무를 수행하고 의사를 결정하는 데 영향을 미치고, 이 때문에 업무 집중력이 떨어지기도 하죠. 이처럼 보이지 않는 힘이 존재하기 때문에 사장은 매사에, 특히 의사결정 시 중립적인 자세와 전문성을 잃지 말아야 합니다. 또 가족 구성원과의 관계에서 무심코 친밀함을 드러내 구성원의 신뢰를 잃지 않도록 모든 구성원을 공정하고 객관적으로 대하도록 늘 신경 써야 합니다.

가족 경영인이 일반적인 절차 없이 빠르게 높은 직급으로 승진하는 경우도 많죠. 그 점을 구성원이 자연스럽게 받아들인다면 다행이지만 그렇지 않다면 구성원에게 지지와 인정을 받도록 노력해야 해요. 구성원들이 가족 구성원을 긍정적으로 여기고 회사가 발전을 지속하려면 후계자를 체계적이고 정교하게 양성해 구성원이 회사의 후계 과정을 인정하는 분위기를 조성하도록 힘써야 합니다.

공정하고 투명하게 운영한다면 가족 경영은 헌신적이고 열정적으로 회사를 키워나가기에 좋은 방식입니다. 가족의 이익보다 회사와 구성원의 이익을 항상 최우선하고, 공정하게 경영하고 투명하게 소통하며, 전문성이 부족할 경우 전문가를 기용해 화합하며 회사의 진정한 발전을 꾀한다면 어떤 구성원도 가족 경영을 부정적인 시선으로 바라보지 않을 거예요. 항상 구성원의 시선으로 가족 경영인들을 민감하고 세심하게 들여다보시기 바랍니다.

실전 팁

가족 경영의 성공을 위해 두 가지를 기억하세요: 역할과 권한을 명확히 규정해 혼선을 줄이고, 공정성과 투명성을 지켜 구성원들과 신뢰를 쌓습니다.

뜻밖의 부탁

구성원의 개인적인 어려움을
현명하게 도우려면

한 회사의 회장님은 창립 멤버들과 함께 20년 이상 회사를 일궈 왔습니다. 어느덧 중견기업으로 자리 잡아 이제 굴지의 기업을 만 드는 것이 목표가 되었죠. 이 회사의 임원 윤 이사는 창립 멤버 중 한 사람으로 회장님과 오랜 시간 동고동락해오며 누구보다 신뢰받 는 인물이었습니다. 그러던 어느 날 윤 이사가 회장님을 찾아왔습 니다.

윤 이사   회장님, 긴히 드릴 말씀이 있습니다.

회장님   뭔가? 편하게 이야기해봐.

윤 이사   먼저 회장님께 이런 이야기를 드리게 돼서 면목 없 습니다. 다름이 아니라 갑자기 목돈이 필요하게 됐

어요. 어머니가 급하게 수술을 받으셔야 하는데 도
저히 제 힘으로는 수술비를 마련하기 어려워서…

회장님　　저런, 안타까운 일을 내가 너무 늦게 알았군. 가족
중에 윤 이사 혼자서 어머니를 모신다고 했지?

윤 이사　　네… 도움 구할 만한 친지도 없고, 집 장만한 지 얼
마 안 돼서 매달 대출금 감당하기도 벅찬데 곧 아이
학비까지 준비해야 합니다. 아내와 아무리 고민해봐
도 답이 없어서 결국 이렇게 염치 불고하고 회장님
을 찾아왔습니다. 회장님, 제게 5000만 원 정도 빌
려주실 수 있으실까요? 그렇게만 해주신다면 1년 안
에 꼭 갚겠습니다. 혹시 기간 안에 못 갚는다면 추
후 제 급여에서 일정 금액씩 제해서라도 반드시 전
부 갚겠습니다.

　　회장님은 난감했습니다. 윤 이사가 정말 마지막 수단으로 회장
님을 찾아왔다는 사실을 잘 알았으니까요. 회사에 평생을 바친 현
임원이 금전적으로 어려운 상황에 처했는데 모른 척하기도 곤란하
고, 요청을 들어주자니 중요한 자리에 있는 사람으로서 다른 구성
원들의 이목을 신경 쓰지 않을 수 없었죠. 여러분이 이 회장님이
라면 어떻게 하시겠어요?

　　결론부터 말씀드리자면 회장님은 의리를 선택하고, 재무팀을

통해 윤 이사에게 5000만 원을 지급하도록 지시했어요. 재무팀은 회장님의 지시를 따를 수밖에 없었고, CFO와 재무팀 구성원은 그 지출의 명분을 마련하기 위해 보너스라는 허위 내용을 만들어 윤 이사에게 금액을 지급했습니다. 시간이 흐르고 5000만 원을 상환할 기한을 넘겼는데도 윤 이사는 회사에 돈을 갚지 못했고, 약속한 대로 월급에서 일정 금액씩 제하며 결국 전액을 모두 갚았습니다. 그러자 회장님은 자신이 의사결정을 정말 잘했다고 믿었죠. 결과적으로 윤 이사가 회사에서 빌린 돈을 모두 갚았으니 회장님은 정말 의사결정을 잘한 걸까요? 이 결정에는 아무 문제가 없을까요?

사실 회장님이 윤 이사에게 회삿돈을 빌려주기로 결정한 순간부터 문제는 시작됐습니다. 윤 이사가 어려울 때 회사에서 도움받아 해결했다는 소문이 사내에 퍼지자 구성원들은 자신도 비슷한 상황에 처했을 때 회사 도움을 받을 수 있을 거라 믿었죠. 실제로 회장님을 찾아오는 사람이 늘었습니다. 자녀 학자금이나 주택 마련 자금 등 큰돈이 필요할 때 구성원들은 회장님께 면담을 요청했어요. 회장님은 어떤 때는 요청을 들어주고, 어떤 때는 들어주지 못했습니다. 회장님의 개인적인 판단에 따라 지원이 이뤄지자 지원받지 못한 구성원들 사이에서 불만과 불신이 커지기 시작했습니다.

회사를 운영하다 보면 구성원의 특별한 상황에 금전적으로 지원해야 하는 경우가 생기기도 합니다. 구성원의 개인적 어려움을 지원하는 것은 회장의 선한 의도에서 비롯했지만 기준이 없고 공정성이 부족하다면 다른 구성원들에게 불신을 심어줄 위험이 있습니다. 이를 방지하려면 어떻게 해야 할까요?

1. 명확한 기준 수립

   우선 회사가 지원할 수 있는 상황을 명확히 정리하고 이를 공지해야 합니다. 특정 리더군이 아니라 모든 구성원이 동일한 기준에 따라 도움을 받을 수 있다는 원칙을 세워야 합니다.

2. 일관된 절차 마련

   만약 이러한 제도를 마련하기 어렵다면 누구에게도 예외를 두지 않는 것이 최선입니다. 지원 절차를 투명하게 공개하고, 모든 구성원에게 같은 기회와 혜택을 제공할 때 회사의 공정성이 유지됩니다.

이 사례에서 회장님이 윤 이사에게 개인 자금으로 지원했다면 문제가 되지 않았을 겁니다. 그러나 회사 자금을 사용한 만큼 그로 인해 생긴 불만과 불신은 조직 전반에 영향을 미쳤죠. 구성원의 신뢰와 협력이 중요한 만큼 회사의 지원은 공정하고 일관된 기준을 따라야 합니다. 요즘처럼 정보가 빠르게 퍼지는 시대에는 내부 소식이 외부로 유출되어 이미지에 타격을 줄 수도 있으니 신중해야 합니다.

실전 팁

구성원 지원이 필요할 때는 공정한 기준에 따라 이 두 가지를 꼭 확인하세요.

첫째, 지원 상황이 회사 규정에 맞는가?

둘째, 모든 구성원이 동등하게 적용받을 수 있는가?

모든 것을
잃을지라도
반드시
지켜야 하는 것
타협 불가능한 것들에 대해

유 팀장은 회사에서 영웅과도 같은 존재였습니다. 영업을 잘하는 것은 물론 매너도 좋아 동료 관계가 매우 좋았습니다. 고객들 역시 일 잘하고 친절한 유 팀장을 좋아했어요. 만날 때마다 기분 좋게 만들고, 엘리베이터 문이 닫힐 때까지 허리 숙여 배웅하니 유 팀장을 한 번이라도 만나본 고객들은 그를 꾸준히 찾았습니다. 뛰어난 영업 능력 덕분에 매출도 높았고, 회사 내 유 팀장의 입지는 확고했죠. 영업 성과급이 기본급을 훌쩍 뛰어넘어 한정 없을 정도로 오르니 유 팀장의 사회생활, 조직생활에 대한 자신감은 하루가 다르게 늘었습니다.

그러던 어느 날 회사에 새로 입사한 계약직 박 사원을 유 팀장이 눈여겨보기 시작하면서 상황이 달라졌습니다. 박 사원은 젊고 아름다운 데다 일까지 잘해 유 팀장은 유독 박 사원을 아꼈습니다. 처음엔 그의 관심이 직장 내 격려와 지도 정도였으나 점차 선을 넘었고, 결국 술자리에서 부적절한 사건이 벌어졌어요. 불미스러운 일을 벌인 당사자는 유 팀장인데도 회사 내 그의 영향력과 실적 탓에 누구도 그를 문책하려 하지 않았습니다. 결국 상황을 견디다 못한 계약직 직원 박 사원이 회사를 떠났죠.

몇 개월 뒤 박 사원은 억울함을 이기지 못하고 유 팀장의 성추행 사실을 노동부에 신고했습니다. 회사에서도 이 사실을 알게 됐으나 수년간 회사에 기여했으며 수많은 대형 고객사들의 신임을 받는 유 팀장을 어쩌지 못하고 난감해하기만 했습니다. 그사이 직원들 사이에도 소문이 서서히 퍼지기 시작했어요.

유 팀장은 깊이 반성한다고 의사를 전했지만 박 사원은 유 팀장을 절대 용서할 수 없다고 입장을 고수했습니다. 회사는 유 팀장이 저지른 잘못을 분명히 인지하고 있었습니다. 동료였던 한 사람의 삶에 커다란 상처를 내고, 일터까지 떠나게 만들었다는 면에서는 중대한 잘못을 저질렀으나 유 팀장을 정리하면 당장 매출에 타격이 클 것이었습니다. 이런 상황에서 가장 중요한 것은 최고 경영자인 사장의 결정입니다. 이 회사 사장님은 어떻게 결정했을까요?

사장님은 유 팀장에게 시말서를 쓰게 하고 두 달치 급여를 지급 중지하는 선에서 사건을 마무리하려 했습니다. 이 조치는 대단히 잘못된 의사결정입니다. 구성원 간 성추행이라는 큰 죄를 용서

한 셈이죠. 사장님의 이런 결정으로 이 회사에서는 한 사람의 존엄성보다 매출이나 재무적인 면이 우선순위라는 사실을 방증한 모양새가 되었습니다. '영업 성과가 모든 것을 덮을 수 있다'는 메시지를 구성원들에게 암묵적으로 전달한 꼴이죠.

이후로도 유 팀장은 여전히 실적을 이어갔고 당연히 매출도 문제없었습니다. 하지만 균열은 회사 구성원들 사이로 뻗어나가고 있었습니다. 유 팀장의 성희롱에 대한 징계 정도가 알려지자 구성원들은 회사에 신뢰를 잃었습니다.

구성원이 회사와 경영진에게서 등 돌리기 시작하면 어김없이 두 가지 현상이 벌어집니다. 능력 없는 구성원들은 현실에 타협하며 그럭저럭 회사를 다니고, 어느 정도 생각과 능력을 갖춘 구성원들은 기회만 생기면 회사를 떠나려 하죠. 매출을 붙잡기 위해 문제 구성원을 소극적으로 징계한 일은 멀쩡하던 물통에 구멍을 낸 행위입니다. 시간이 지날수록 구멍 주위가 쩍쩍 갈라지며 매출, 성과, 영향력이 줄줄 새나갑니다. 조직 안에 알려질 대로 알려진 문제를 제대로 조치하지 않아 더 늘어날 수 있었던 매출과 성과를 오히려 잃게 되죠.

유 팀장을 잃지 않기 위한 사장님의 소극적인 대응은 회사 전체의 신뢰와 성과를 점점 갉아먹기 시작했습니다. 잘못을 저지른 구성원은 무슨 일 있었냐는 듯 태연하게 회사를 다니고, 이런 모습을 매일같이 지켜보는 다른 구성원들은 피고용인이라는 약자의 입장에서 자신이 비슷한 피해를 입어도 회사에서 도움받을 수 없을 것이라 여기고 무력해집니다. 내게 같은 일이 생기면 회사는 분명 이렇게 조치할 거야, 내가 아무리 이야기해도 귀 기울이지 않고 내 편에 서주지 않을 거야, 나는 결코 회사에 맞서 싸울 수 없을 거야… 이렇게 생각하면서 일에 집중하고 회사에 기여할 수 있을까요? 이런 경험이 확산되면 구성원 개개인이 존중받지 못한다는 의식이 조직문화를 잠식하게 됩니다.

거짓, 부정, 상식을 넘어 우리가 납득할 수 없는 문제가 생겼다면 이익, 매출을 포함해 자신이 취할 수 있는 모든 좋은 것을 내려놓고 기본적인 것들을 지키기 위해 싸울 태세를 취하세요. 경영진의 공정한 마인드는 구성원들에게 깊은 신뢰와 안전감을 줍니다. 기본적인 안전망이 갖춰지지 않은 환경에서 어떻게 신뢰를 기대하고 성과를 기대하며 매출을 기대할까요?

여러분은 앞으로 경영을 이어가며 갖가지 일을 경험하시게 될 거예요. 때로 큰 고객을 만나 막대한 수익을 얻을 수도 있고, 때로 위기를 맞이할 수도 있죠. 하지만 좋을 때나 나쁠 때나 이 원칙 하나만큼은 절대 타협하지 말아야 합니다.

"사람과 사람 사이의 신뢰가 돈보다 중요하다."

고객과의 관계, 매출, 이익도 물론 중요하지만 사람에 대한 존중이 결여된 조직은 결국 모든 것을 잃게 됩니다. 회사의 성장이란 구성원들 간의 신뢰와 협력에 달려 있으며, 이 기본적인 가치가 무너지면 그 어떤 성과도 지속될 수 없습니다.

실전 팁

인간의 존엄성을 훼손하는 문제는 절대 타협하지 마세요. 회사의 수익과 관련된 일이라도요. 잃은 돈은 되찾을 수 있지만 떠나간 사람의 신뢰는 돌이킬 수 없습니다.

사장의 클래스

당신은 어떤 사장이 되고 싶은가

초판 1쇄 인쇄 2024년 12월 20일
초판 1쇄 발행 2025년 2월 5일

지은이 정태희
펴낸이 최동혁

책임편집 심설아
기획·구성·정리 최윤혁 심설아
일러스트 이크종
디자인 이보람

펴낸곳 모먼트오브임팩트
주소 06168 서울시 강남구 테헤란로 507 WeWork빌딩 8층

이메일 info@impacter.asia
출판등록 2023년 2월 17일(제2023-000061호)
인쇄·제본 예림

ⓒ 정태희, 2024. Printed in Seoul, Korea.

ISBN 979-11-989856-1-3 (03320)

이 책의 인세는 도움이 필요한 어린이와 청소년 등 국내외 취약계층을 지원하는 데 기부됩니다.